中华古村落

广西卷

顾问 陈志华
主编 李秋香 李玉祥
赵治 著

江蘇鳳凰教育出版社
Phoenix Education Publishing, Ltd

顾　问

陈志华

主　编

李秋香

李玉祥

编　委（按照姓氏笔画排序）

王瑞书

李玉祥

李秋香

吴　宁

吴正光

陆　琦

陈志华

周　晨

顾华明

戴志坚

主摄影

李玉祥

赵　冶

总序

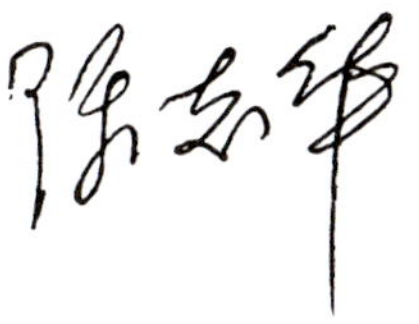

中国有着非常漫长的自然农业历史，传统的中华文明，基本上是农业文明。农业文明的基础是乡村的社会生活。在广阔的乡土社会里，以农民为主，加上小手工业者、小商贩、在乡知识分子和少数退休还乡的官吏，一起创造了像海洋般深厚瑰丽的乡土文化。比起庙堂文化、士大夫文化和市井文化来，乡土文化是绝大多数人创造的文化，为绝大多数人服务。乡土文化依赖于土地，是一种地域性文化。它不像庙堂文化、士大夫文化和市井文化那样有强烈的趋同性，它千变万化，更丰富多彩，是中华民族文化遗产中还没有被充分开发的宝藏。没有乡土文化的中国文化史是残缺不全的，不研究乡土文化就不能真正了解我们这个民族。

乡土建筑是乡土生活的舞台和物质环境，它是乡土文化最普遍存在的、信息含量最大的组成部分。它的综合度最高，紧密联系着许多其他乡土文化要素，甚或是它们的重要载体。不研究乡土建筑就不能完整地认识乡土文化，甚至可以说，乡土建筑研究是乡土文化系统研究的基础。

乡土建筑当然也是中国传统建筑最朴实、最率真、最生活化、最富有人情味的一部分，不仅有很高的历史文化价值，对建筑工作者来说，还可能有一些直接的借鉴价值。没有乡土建筑的中国建筑史是残缺不全的。

在一个漫长的历史时期，中国的经济、文化中心在农村。农村里建筑品类之多样胜过一般的城市，连书院、藏书楼、寺庙也大多在农村，更不必提路亭、磨坊、水碓房、畜舍之类了。雕梁画栋、琐窗朱户也并不次于城里。但是今天，乡土建筑优秀遗产的价值还远远没有被正确而充分地认识。一个物种的灭绝是巨大的损失，一种文化的灭绝岂不是更大的损失？大熊猫、金丝猴的保护已经是全人类关注的大事，我们的乡土建筑却正在以极快的速度、极大的规模被破坏着，我们正无可奈何地失去它们。

我们无力回天，但我们决心用全部的精力立即抢救性地做些乡土建筑的研究工作。

我们的乡土建筑研究从聚落着手。这是因为，绝大多数的乡民生活在特定的封建宗法制的社区中，所以，乡土建筑的基本存在方式是形成聚落。作为与乡民们社会生活的各个侧面相对应的物质条件，聚落中的乡土建筑包含着许多种类：有居住建筑，有礼制建筑，有寺庙建筑，有商业建筑，有公益建筑，也有文教建筑；当然更有农业、手工业所必需的建筑，例如磨坊、水碓房、染坊、畜舍、粮仓之类。几乎每一类建筑都构成一个或大或小的系统。例如宗庙，有总祠、房祠、支祠、香火堂和祖屋；例如文教建筑，有家塾、义塾、书院、文昌（奎星）阁、文峰塔、进士牌楼、功名桅杆、戏台；生产性建筑则有陶瓷窑、抄纸作坊、竹木店、染坊、铁匠铺、油坊。这些建筑系统在聚落中形成一个有机的大系统，这个大系统规定着聚落的结构，使它成为功能完备的整体，满足一定社会历史条件下乡民们物质的和精神的生活需求，以及社会的制度性需求。打个比方，聚落好像物质的分子，分子是具备了某种物质的全部性质的最小的单元，聚落就是乡土社会的这种最小单元。我们以完整的聚落作为研究乡土建筑的对象。这个研究目标本身规定了研究的基本方法，即以田野调查为主，结合文献考察。

乡土生活赋予乡土建筑丰富的文化内涵，我们力求把乡土建筑与乡土生活联系起来研究，因此便是把乡土建筑当作乡土文化的基本部分来研究。聚落的建筑大系统是一个有机整体，我们力求把研究的重点放在聚落的整体上，放在各种建筑与整体的关系及它们之间的相互关系上，放在聚落整体及它们的各个部分与自然环境和历史环境的关系上。乡土文化不是孤立的，它参与形成庙堂文化、士大夫文化、市井文化的共同基础，和它们都有千丝万缕的关系。乡土生活不是完全封闭的，它与一个历史时代整个社会的各个生活领域也有千丝万缕的关系。我们力求在这些关系中研究乡土建筑。例如，明代初年“九边”的乡土建筑随军事形势的张弛而变化，明代末年江南和晋中的乡土建筑随着商品经济的发展而有很大的变化。聚落是在比较长的时期里定型的，这个发展过程蕴含着丰富的历史文化内容，我们也希望有足够的资料可以让我们对聚落做动态的研究。总之，我们的研究方法综合了建筑学、历史学、民俗学、社会学、文化人类学的各种方法。方法的综合性是由乡土社会和建筑固有的复杂性与外部联系的多方位性决定的。

因为我们的研究是抢救性的，所以我们不选已经名闻天下的聚落作为研究课题，而去发掘一些默默无闻但很有历史价值的聚落。这样的选题很难，要求聚落要发育得成熟一些，建筑类型比较完全，建筑质量好，有家谱、碑铭之类的文献资料。当然聚落最好还保存得相当完整，老的没有太大的损坏，新的又没有太多的增加。从系列化的研究来说，更希望聚落在各个层次上都有类型性的变化：有纯农业村，有手工业村，有从农业向商业、手工业转化的村；有窑洞村，有雕梁画栋的村；有山头村，有河边村；有马头墙参差的村，也有吊脚楼错落的村；还有不同地区、不同民族的村……这样才能一步步接近中国乡土建筑的全貌，虽然这个路程非常漫长。选题的时候，要区分各个层次上的类别和性质。我们使用了细致的比较法，就是要找出各个聚落的特征性因子，这些因子相互之间要有可比性，要在聚落内部有特殊性，要在类型之间或类型内部有普遍性。我们不仅尽可能选取不同的角度和重点，还力求写出每个聚落的特殊性，而不是去把它纳入一般化的模子里。只有写出每个题材的特殊性，才能多少写出一点点中国乡土建筑的丰富性和多样性。所以，挖掘题材的特殊性，是我们着手研究的切入点，必须下比较大的功夫。类型性和个体性的挖掘，也都要靠细致运用比较的方法。

虽然我们只能从汪洋大海中取得一勺水，但这勺水毕竟带着海洋的全部滋味。希望我们的书能够引起读者们对乡土建筑的兴趣，有更多的人乐于来研究它们，进而能有选择地保护其中最有价值的一部分，使它们免于被彻底毁灭。

2013 年夏日

目录

概述

一、自然环境

广西壮族自治区，简称“广西”“桂”，地处中国华南沿海地区，北回归线横贯全区中部。全区陆地面积有23.76万平方千米。广西南临北部湾，面向东南亚，西南与越南社会主义共和国毗邻，东面邻近我国的港、澳地区，北连华中，背靠大西南，与我国的广东、湖南、贵州、云南四省接壤。

广西具有多元民族构成与多元文化生态。目前，广西有12个主要聚居民族：壮族、汉族、瑶族、苗族、侗族、仫佬族、毛南族、回族、京族、彝族、水族和仡佬族。其中汉族人口最多，占62.48%；壮族人口占31.36%；其他民族占6.16%。各民族在广西共处，构成了区域内多元文化交融的文化生态与丰富的民族文化图景。

1. 地理环境

广西位于中国地势第二台阶中的云贵高原东南边缘，位于两广丘陵西部，南临北部湾海面。整个地势自西北向东南倾斜，周边多被山地、高原围绕，山岭连绵，山体庞大，岭谷相间，呈盆地状，有“广西盆地”之称。广西地貌的主要特点如下。

广西的山

广西的喀斯特地貌

其一，山区面积广大。广西以多山著称，尤其是北回归线以北，更是层峦叠嶂。广西山多且高大，山脉的海拔大都在1500米上下。据统计，广西的丘陵和山地占整个地区总面积的76%，耕地面积约占13.9%，因此广西有“八山一水一分田”之称。山区面积广大是广西地区一个最为突出的特点。

其二，喀斯特地形分布面积广。据统计，广西地区总面积的一半以上都是喀斯特地形，大部分县市都有面积或大或小的喀斯特地貌区域。

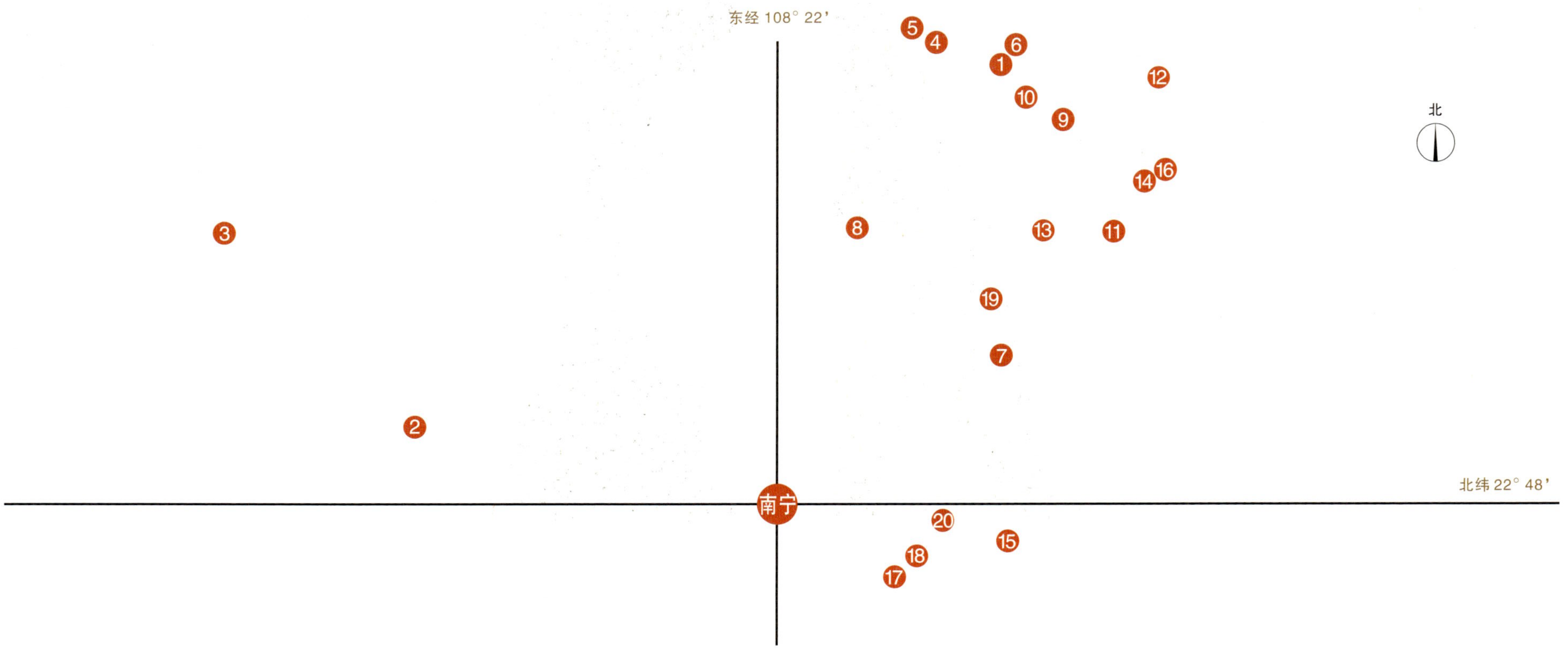

本书所收录广西壮族自治区古村落分布示意图

①桂林市龙胜各族自治县龙脊镇龙脊村
②百色市那坡县龙合镇共合村达文屯
③百色市西林县马蚌镇浪吉村那岩屯
④柳州市三江侗族自治县林溪镇程阳八寨
⑤柳州市三江侗族自治县独峒镇高定村
⑥桂林市龙胜各族自治县龙脊镇小寨村
⑦来宾市金秀瑶族自治县六巷乡下古陈村
⑧柳州市柳城县古砦仫佬族古建筑群
⑨桂林市灵川县灵田镇长岗岭村
⑩桂林市灵川县九屋镇江头村
⑪桂林市恭城瑶族自治县莲花镇朗山村
⑫桂林市灌阳县文市镇月岭村
⑬桂林市阳朔县高田镇朗梓村
⑭贺州市富川瑶族自治县朝东镇秀水村
⑮玉林市玉州区城北街道高山村
⑯贺州市富川瑶族自治县朝东镇福溪村
⑰钦州市灵山县佛子镇大芦村
⑱钦州市灵山县石塘镇苏村
⑲来宾市金秀瑶族自治县桐木镇那安村龙腾屯
⑳贵港市港南区木格镇云垌村君子垌客家围屋群

广西的平原

类型繁多的喀斯特地形赋予了广西丰富的风景资源，但喀斯特地貌区域石多土少，耕地分散且易旱易涝，对农耕有所不利。

其三，河流众多。广西的河流走向总体沿地势呈倾斜面分布，自西北流向东南。按照水系来分共有珠江、长江、桂南独流入海、百都河这四支。珠江水系是广西最大的水系，主干流南盘江—红水河—黔江—浔江—西江从西北折东，横贯全境，出梧州流向广东，入南海。长江水系分布于广西东北部，主要河段有湘江、资江，属洞庭湖水系上游，经湖南汇入长江。其中湘江在兴安县附近通过秦代开凿的灵渠，沟通了长江和珠江两大水系。独流入海的水系主要分布于桂南，均注入北部湾。百都河水系则经越南社会主义共和国境内流入北部湾。

其四，平原零星分布。广西的平原面积小，分布零星，约占全区总面积的14.3%。广西的平原主要有两类：一是溶蚀平原，由石灰岩经过长期的溶蚀和侵蚀而形成，以桂中平原为代表；二是河流冲积平原，如右江平原、南宁盆地、郁江平原、浔江平原、玉林盆地等。

平原地区地势平坦，土地肥沃，光照充足，很适合农作物的生长。如右江平原，盛产稻谷、甘蔗、玉米、花生、豆类，是广西西部最重要的粮蔗基地，有“桂西明珠”之称。再如南流江三角洲，由于南流江每年输沙量较大，三角洲向外堆积，形成了诸多土壤肥沃的外缘洲岛，因此优越的光、热、水资源使得这一地区成为北海最重要的粮食和经济作物基地。由于这些平原地带多临江河，因此优越的水运交通条件使得这些地区成为区域政治、文化、经济中心。如南宁、柳州、北海、钦州、来宾、百色等重要的城市和集镇，均为占据平原优势、依靠江河发展而成。

其五，海岸线曲折。广西的北部湾沿岸，由于地质史上复杂的升降运动，海岸较为曲折。曲折的海岸线为广西提供了广阔的沿海滩涂，适宜

⊙ 桂北和桂西壮族民居门廊比较（左：桂北山区民居门廊　右：桂西山区民居门廊）

水产和珍珠的养殖。同时，由于北部湾海底较平坦，暗礁很少，风浪较小，因此自古至今都是较好的天然港湾，如合浦港从汉代起就是海上丝绸之路的始发港之一。

2. 气候特点

广西处于低纬度地区，南部濒临热带海洋，北部为南岭山地，西部延云贵高原，区内河流纵横，地理环境比较复杂。在太阳辐射、大气环流和地理环境的综合作用下，广西的气候类型有以下特点。

其一，气候类型多样，夏长冬短。从气候类型来看，广西的北半部地区属于中亚热带气候，南半部地区属于南亚热带气候。依地形状况来看，桂北、桂西地区具有山地气候的特色，"立体气候"较为明显，小气候生态环境多样化；而桂南地区具有温暖湿润的海洋气候特征。广西冬季短，夏季长，年均气温在16摄氏度至23摄氏度之间。以均温来衡量，北部夏季长达四个月到五个月，冬季仅两个月左右；南部从5月到10月均为夏季，冬季不到两个月，沿海地区几乎没有冬季。

其二，雨、热资源非常丰富，且雨热同季。降雨量和热量资源分布大体由北向南增多。在4月到9月期间降雨量占年降雨量的75%，雨季与热季恰好重叠。

其三，气候多变，灾害性天气出现较为频繁。广西常因季风进退失常而造成降雨和气温变率大，旱涝灾害、"两寒"（倒春寒和寒露风），以及台风、冰雹等灾害性天气出现频率大。桂西部地区多春旱，出现频率达60%至90%。桂东部地区多秋旱，出现频率为50%至70%。雨季里暴雨过于集中，容易发生洪涝灾害，尤其是桂南沿海和融江流域出现频率较大。春秋两季，由于受北方较强冷空气南下的影响，在天气方面，几乎每年春季都会出现倒春寒，秋季都会出现寒露风。

广西的气候可分为南部、北部和西部山区三个气候区。自苍梧经桂平、上林、马山一线，以北为温暖常湿气候，以南为温暖冬干气候；西部山区为温凉冬干气候。

不同的气候区划对于民居聚落的分布，以及建造的形式，都有着重要的影响。例如冬季较为寒冷的桂北山区，其传统民居的门楼相比桂西地区的敞廊就显得较为封闭，因为考虑到了冬季防风等因素。在冬季有雪的山区，民居的坡屋顶坡度刻意做陡，有利于雨雪滑落。在水量充足、盛产杉木的桂北山区，民居建筑的木构技术明显比

桂北和桂西南壮族民居建造工艺比较（左：桂北民居　右：桂西南民居）

缺水少林的桂西南、桂中地区要高超。另外，广西聚落的传统民居在自然环境中所要解决的主要矛盾是通风防热，它反映在建筑上的要求是总体布局和建筑单体要尽量开敞、通透，向阳面出檐深远，底层尽量架空处理。

二、历史与文化

1. 历史沿革

广西的土著民族，是从百越族群中的西瓯、骆越人发展而来。秦汉之际，骆部族逐渐分化，又联合成为两个较大的部族，即瓯骆和骆越。瓯骆的分布地在五岭以南、古南越国之西、骆越之东，大体上包括汉代的郁林郡和苍梧郡，相当于今之桂东南及粤西南的广大地区。骆越则分布在瓯骆之西，大体上相当于左右江流域，邕江、郁江流域，海南，以及越南社会主义共和国北部的红河流域。今广西贵港、广东茂名等地是古代西瓯、骆越部族的杂居地区。

西瓯与骆越是构成今之壮族的两个主要支系，它们存在了1000多年。今天壮族传承的古代文化，在很多方面是西瓯、骆越人创造的。骆越方国创造的稻作文化、大石铲文化、龙母文化、青铜文化等，是中华民族宝贵的文化遗产。

秦瓯战争之后，始皇帝统一岭南，即按照中原地区所推行的郡县制度，在岭南地区设置桂林、象郡、南海三郡，将其地置于秦王朝的行政管辖之下。汉朝至隋朝，中央封建统治者延用秦朝的郡县设置，但他们已认识到广西有自己的社会特点，不能按中原汉族地区的郡县制进行统治，因而设立了初郡、俚郡、僚郡、左郡、左县，进行间接统治。但是，由于广西地处偏僻，封建统治者并未能进行直接统治。至两晋南北朝时期，中原地区战争频繁，根本没有力量顾及广西地区。所以，居住在边远山区的广西先民很少与外界交往，他们依然保留着传统的民族语言和民族风习，其文化是在受外界文化影响较小的前提下发展变化的。

唐宋时期，南方各民族与中央王朝的联系更加密切，中央王朝在广西地区实行“以夷治夷”的羁縻制度。元朝沿袭唐宋之道，羁縻制度发展为更为成熟的土司制度。土官“世领其土，世长其民”，土司制度得以延续。

明王朝统一全国之后，形势发生很大变化，我国封建社会已经发展到了它的后期阶段。随着封建专制制度的发展，封建中央集权有了进一步的加强，对地方的控制也得到了进一步加强。但是，具有一定独立性的土司政权，对社会

忻城莫氏土司衙署

经济发展是不利的。因此，当土官尚能顺从中央王朝的统辖时，王朝尚可容忍它的继续存在；当各土司叛逆王朝，而王朝又有足够的力量对付土司时，它就利用种种机会和借口对土司进行“改土归流”，即废除少数民族地区的世袭土官，改为由封建中央直接委派而定期轮换的流官。但土官是地方的统治者和利益的既得者，自然不肯轻易失去权势，因而改流和反改流的斗争不仅是激烈的，而且是长期的。

清代壮族土司的改流，分为两个阶段：前阶段是顺治、康熙、雍正、乾隆时期，朝廷将强大的土司（如镇安、泗城、思明等地的土司）进行改流；后阶段则对弱小的土司（如田州、阳万、凭祥等地的土司）进行改流。

民国时期改流持续的时间也很长。有的土官在改流前就大量挥霍财产，出卖土地，其势力已很衰微，改流以后就一蹶不振了。而经过改流后的“清赋”，又给当地人民带来了几倍甚至十几倍的田赋负担。但这种负担与土官统治时期农奴所受的种种经济剥削和政治压迫相比，还是有所减轻的。民国时期改土归流的积极意义也是客观存在的。

2. 多元文化

广西是一个多民族的区域。各民族在广西长期共存，构成了地域内百越文化、苗瑶文化等多元文化交融的文化生态。广西作为沿海地区，毗邻越南社会主义共和国和我国的广东省，历来就是商品交换的进出港口，也曾经是传教士足迹遍及之地。因此，广西特殊的地理位置决定了其建筑类型的多样化和区域性特征。由于地理、经济条件等因素的影响，广西各地形成了各自独特的风俗，有“五里不同风，十里不同俗”的说法。另一方面，由于受到不同文化的影响，广西文化呈现出多元格局，主要包括“中原文化”“高地文化”和“低地文化”（或称“海洋文化”）。

广西地处岭南，远离中原政治中心，社会环境相对安定和宽松。而中原地区历史上的三国鼎立、东晋十六国的分裂、南北朝的对峙、唐代的安史之乱都导致北方战乱不断，因此中原曾有大量民众南迁进入包括广西在内的岭南地区。

汉族移民给广西的政治、经济、文化等各方面带来了很大的影响。汉族移民的进入，促进了广西少数民族从原来的封建领主制向封建地主制转化。汉族移民的开垦，扩大了广西的耕地面积，为广西带来了中原地区先进的农业生产技术，使原来十分荒芜的土地上兴起了许多新兴的城镇村落。在文化方面，汉族移民向来有重视教育的传统，他们为广西各地带来了崇儒重教的理念，还带来了丰富的宗教信仰。汉族移民中的手工业者把先进的手工技术传播到广西各地，比如烧砖、制瓦以及更为先进的木材卯榫技术，这些技术在促进广西壮族建构技术的发展方面起到了积极作用。明朝是广西经济开发卓有成效的时期，大量移民的涌入，使得耕地面积显著增加。明朝时期的广西已开始种植双季稻，耕作技术由粗放转向细致；建筑艺术也达到了相当高的水平，代表性建筑有容县真武阁、合浦大士阁等。

两千多年来，广西的主体民族壮族与汉族的人口比例呈相反方向发展，壮族占广西总人口的比例由大变小，汉族占广西总人口的比例由小变大。壮族的分布地域由遍布全区转而退居桂西（包括桂西南与桂西北），汉族则由北向南、由东向西渐进发展。相比壮族、侗族这些土著民族，苗族、瑶族也是从外地迁徙而来的。他们在广西的分布方式主要是以小范围聚居为主。

明清时期，苗族大规模徙入滇东南的广南府、开化府和广西府。广西此时也成为瑶族的主要聚居地。广西也有一些苗人、瑶人与壮人杂居的村寨，比如龙胜各族自治县龙脊村的古壮寨就有苗族和瑶族居民，他们大多已与壮人同俗。广西各地的苗族、瑶族村寨中的民居，大多保持着原生的干栏建筑形态，受汉人影响较小。而壮族村寨则形态多元，干栏、地居等居住形式兼有，木材、泥砖、夯土、砖石等建材皆会采用。

桂林市龙胜各族自治县龙脊镇大瑶寨

柳州融水四荣田头村（苗寨）

经济上，壮族与苗族、瑶族有一定的互补关系。壮人近水，善种水稻；苗人和瑶人善于山地种植。壮人向苗人、瑶人学习玉米、旱谷、瓜豆的种植技术和经验，苗人、瑶人向壮人学习水稻选种、耕播、施肥、管理经验以及手工工匠技术。苗人、瑶人在与壮人的长期交往中，逐步会说壮语，习壮人风俗；壮人亦对他们的生产生活有所了解。在广西龙胜、三江地区的壮寨、侗寨、苗寨、瑶寨，其建筑风格、构架形式多有相似之处，这与族群之间的相互影响、交流学习是分不开的。

梯田与干栏民居

作为多民族聚居地区，广西具有丰富的民族与地域文化特点。受地理气候环境、历史文化、经济条件、民族风俗等因素的影响，广西形成了一批各具风格的少数民族村寨与汉族村寨。

广西的少数民族大多为本地土著，他们脱胎于从旧石器时代就生活在广西的西瓯、骆越等部族。经过漫长的历史过程，他们逐渐演变为现今的壮族、侗族、水族、仫佬族、毛南族等民族。聚居于山地和丘陵地带的少数民族，其建筑形式大多为干栏式。由于稻田耕作的生产方式，少数民族村寨的布局在空间意向上呈现出依山傍水、顺应地形的散点半集中式形态。广西的土著少数民族及苗、瑶等族的居住地多位于丘陵与高山地区，民间素有“汉族、壮族住平地，侗族住山脚，苗族住山腰，瑶族住山顶”的说法。依据不同的山形水势，广西的村寨大致可分为高山型、丘陵河岸型、平地田园型。壮族村寨分布面较广，平原、山区、河谷和山谷均有分布，主要在南宁、柳州、来宾、河池、靖西、那坡、德保、龙胜等城市和县份。侗族村寨分布在桂北一带，主要集中在三江侗族自治县、龙胜各族自治县及融水苗族自治县，其中以三江侗族自治县较为密集。瑶寨主要分布在金秀、都安、巴马、大化、富川、恭城六个瑶族自治县。苗寨广泛分布在融

⊙ 合浦县曲樟乡客家的围城

水、隆林、龙胜、三江、南丹、环江、罗城、田林、西林、乐业、资源等县。

从秦始皇统一岭南开始，在历史上的不同时期，汉族从中原、广东等地主要通过湘桂走廊、潇贺古道和西江流域进入广西，大多定居于桂北、桂东及桂东南地区。按照南下汉族的民系组成来划分，进入广西的汉族人建成的村落主要有广府式、客家式、湘赣式三种。广府式村落主要分布于梧州、贺州、玉林、钦州等桂东及桂东南地区。南宁、柳州、来宾亦受广府建筑文化影响较深，从聚落布局来看，水体、宗祠等的分布与规制，以及村落的风水意向等，都具有广府特色。广西境内保存较为完整的广府式村落以灵山的大芦村、苏村，以及玉林的高山村、庞村为代表。湘赣式村落分布于与湖南交界的桂东北地区，包括桂林全州县，以及贺州富川县、钟山县等地区。其中桂林南部地区的阳朔、恭城以及永福等县份的湘赣式村寨，其风格受到桂东南广府建筑的影响较大。现存较具代表性的湘赣民系村落有全州沛田村、兴安水源头村、灌阳月岭村、灵川长岗岭村、灵川熊村等。因自然条件与文化渊源的关系，客家人强调聚族而居。与其他民系采取以村落的形式聚居不同，客家人的整个宗族若干家庭，包括几十人甚至几百人，则习惯于共同居住在同一门户之内，共享厅堂与“同一个屋顶”。广西现存的客家式建筑主要是堂横屋式，另有少量围龙屋式和围堡式围屋，主要分布于玉林的博白县和陆川县、贺州的八步区、柳州的柳江区、来宾的武宣县等地。在桂东汉族聚居地内，客家建筑也常见于山区。

三、少数民族村落概况

广西的少数民族聚落，大部分都分布在山岭之中。山提供了树木和梯田，是他们生活的依托；水则是他们从事稻田耕作和生活的必不可少的资源。根据不同的山形水势，可以将广西少数民族的聚落分为以下几种。

⊙ 玉林硃砂垌客家围垅屋的瓮城

三江高定村

三江河岸边的壮寨

1. 高山型

这类村落主要分布在桂北和桂西北的三江、龙胜、融水、天峨、南丹、巴马、东兰、凤山、都安，桂中的忻城，桂西的那坡、靖西、德保、凌云，以及桂南的上思等地的山区。此类村落周围群山环绕，山势巍峨；山上林木葱郁，山下沟壑交织，平地较少。因此这种类型的村落交通十分不便，人们出门便要爬山，生产和生活较为艰苦。此类村落多分布在相对高度为30—300米的缓坡上，建筑分布密集。村内主干道顺延等高线发展；小巷道依着房屋之间自然形成的空隙延伸，高程变化显著且坎坷不平、曲折蜿蜒。各类建筑顺应等高线分布，依据地形高差产生高低错落的层次变化，远远看去呈现出变化优美的天际轮廓线。

山区地形地貌多变，为各民族建村立寨提供了更多的选择余地，同时也增加了难度。广西大部分地区均位于北回归线以北，因此山南为阳，山北为阴。在太阳升起时东为阳而西为阴，太阳落下时则相反。在长期的生产生活实践中，各民族逐步形成了较为明确的地理方位和日照方位的概念。一般来说，村落靠山一面多为阳坡，背负青山，可提供生产生活的广大基地，而且挡风向阳，能减少高山上的寒气压迫。建筑的朝向，以坐北朝南居多，也有朝向东南或西南的，较少坐南朝北。房屋修建在向阳且地势较高的坡地上，优点有三。首先，光照充分。村落每天的大部分时间都能沐浴在阳光下，既能满足人的生理需求，也能保持地面的干爽，同时还便于晾晒谷物，防止雨水湿气对木质建筑的侵蚀。其次，地势较高便于雨水排泄，并保证了村寨不易被洪水侵袭。再者，背山面水，前景开阔，能给村民带来较好的心理感受。

高山地区的聚落，一种是将村址定于凹陷的山谷两侧，形成环抱包围状，藏风聚气，如三江高定村。更多的则是位于山脊，呈向外突出的形态，这样视野开阔，可以接纳更多阳光，如三江林略村和龙胜龙脊村。一些位于桂西大石山地区的村寨，由于山腰和山顶都极少有土壤，村民不得不将房屋建在谷底，以利用有限的土地和雨水资源。这样的村落规模都很小，通常才十几户或二十几户。山底空间封闭而湿气较重，并非优秀的定居场所。好在石山坚固，没有滑坡之忧。

2. 丘陵河岸型

这一类型的村寨，在广西少数民族的聚落中占绝大多数。它们背靠山脚或是不很陡峭的丘

⊙ 龙胜龙脊村

⊙ 桂西石山区的村寨

陵，出行方便；面临溪涧小河，取水也方便；又不用担心大江大河洪水泛滥。村落周围是绵延的丘陵或者孤独的山岭，间有平地和河流。村落多坐落在低矮丘陵向阳的一侧，背靠丘陵；溪流河水从村前或附近流过，沿着溪流河水两岸分布着狭长的田地。往往是三里一村，四里一寨。有些河流、溪流的沿岸，串联着数个大小不一的村寨，如龙胜金江河两岸的壮寨和瑶寨，以及三江苗江河两岸密布的邑团、八协、平流、华炼等诸多侗寨。

如果村前无河流，人们就挖掘水塘蓄水，供牲畜饮用或用于灌溉。建筑依坡而建，由坡上向坡下乃至田峒中延伸，排列有序，朝向基本一致。与高山型村落不同，丘陵河岸型村落中平地较多，因此耕地也较多，且多肥沃湿润，水源也较为充足。所以此类村落的分布较为密集，村落之间一般距离1千米左右，每个村多在100户以上，大的村落可达200—1000户。

⊙ 三江林略村

三江独峒镇的侗寨

此类村落往往沿江河呈线型分布，它们背丘陵而直接面水，几乎都是由山脚往山顶方向修建。而越往上就离水源越远，且越受地形的限制，因此房屋顺坡向上建的层次不多。当村落的密度无以复加的时候，就会从村寨中迁出一部分人口建立新的村寨。

3. 平地田园型

在支流汇入主河道的交汇处或者河道的曲折迂回处，地势一般比较平坦开阔。由于河水冲击和泥沙淤积等因素，往往形成一片平坦的山间小盆地。这样的地貌，水土丰茂，适于耕种，空间开阔，人口容量大。在这样的地区，村民们选址时为了避免洪水侵袭，往往将房屋建在较高的二级台地上，村落的形态根据具体环境营造成团状、带状或块状。如三江侗族自治县程阳八寨中的马鞍寨、独峒镇的座龙村，都在河道的曲折蜿蜒处，村落犹如建在三面环水的半岛上，与周围

灌阳月岭村

灵川江头村

的田园形成俯视和辐射的关系。

四、汉族村落概况

广西的汉族，是在不同的历史时期由外地迁入的。入桂的汉人组成成分较为复杂，有因流放而迁徙的囚犯，有任职或贬谪的官员等政治移民，有从事手工业或商业经营的商业型移民，也有为了防守军事要地或镇压农民起义而来的军事型移民，更多的是因中原人多地少而到广西进行农业开垦的农耕型移民。汉人进入广西后，或按照其原有的血缘关系繁衍生息，或多个宗族互相扶持，或在交通及人口密集之处从事农耕或商业经营，形成新的社会聚居结构，构成多种类型的聚落。这些聚落按其形成的社会原因，可分为农耕型、商业型和军事型三种。

1. 农耕型

单一宗族的农耕型聚落，较为典型的有灌阳县的月岭村。据该村《唐氏家谱》记载，该宗族始祖唐氏绍夫公于南宋理宗淳祐四年（1244），为避兵祸从湖南永州零陵县湾复村迁入灌阳，繁衍至今已至二十八代3000多人。该村现存民居以“萃德堂”“宏远堂”“继美堂”“多福堂”“文明堂”“锡嘏堂”六大院堂为主，占整个村落的180余户。此六大院堂是唐氏第十四代后裔唐虞琮兼并了其他同族的土地后，于清道光年间为其六个儿子修建的。失去土地的同宗亲属便成为其佃农或长工。700多年以来，该村繁衍至470余户而无一异姓。又如灵川县江头村，据其《周氏宗谱》以及桂林图书馆周姓乡试履历档案的记载，始祖周秀望是周敦颐的第十四代后裔，于明朝洪武戊申年（1368），从湖南道州宦游粤西，进入广西桂林灵川。该村现有180余户，800多人，90%以上居民为周姓。

灵川长岗岭村

灵山大芦村

在某些交通发达、人口流动频繁的地区，原有以血缘关系维系的宗族关系被逐渐打破，不同姓氏的人群加入原有的聚落，不同族姓的人群共同迁往同一地点，形成地缘型的农耕聚落。如钦州灵山大芦村，其劳氏先祖在宋朝由广东南海

灵川县大圩镇大圩村的街道

昭平县黄姚镇

辗转迁至大芦定居造村，经过以劳姓为主的先民们的开发，到清朝中期发展成由15个姓氏居民杂处的大村落。桂林灵川的长岗岭村，先祖莫、刘、陈氏因南宋末年元兵攻占华北，从山东青州向南迁居灵川灵田。明代，莫、刘二姓迁居长岗岭，陈姓亦随后迁入。莫、刘、陈三姓“耕商耕读，世代联姻，和睦相处”，共同经营长岗岭村。村庄兴旺了数百年，至今村中尚保留着清朝早期修建的陈家大院九进、莫府老院十一进、新莫府大院十进，另有五福堂公厅、莫氏宗祠、卫守副府官厅、大夫第、别驾第等湘赣式府第古宅。

2. 商业型

农耕型的血缘聚落和地缘聚落在中国传统聚落社会中一直占据主导地位，但随着社会经济的不断发展，尤其是受到早期资本主义萌芽的冲击，在人口密集、交通繁忙、商品经济发达的地区，共同从事某些职业及相关行业的人群聚集在一起，构成利益密切关联的商业群体，这就形成了商业型的聚落。

商业型的聚落，大多因经济发展、所处地交通便利而生。宋以前，汉族人在广西的聚居地点多在桂东北。在桂东北地区，自三国至元代的大部分时间里，汉人聚居的规模和密度都在桂东南之上。广西与外界交通联系的途径主要是湘粤两省，由漓江珠江水路经灵渠转为湘江长江水路。明清时期，湘米南运、粤盐北输等经济活动高度发展，灵渠因其狭窄而无法完全满足连绵不断的商货运输，灵渠周边的陆路商道迅速发展，水运和陆运的交接点形成了阳朔兴坪镇、灵川大圩镇、兴安界首镇等集镇，而陆运的歇脚点则形成了长岗岭村、榜上村、熊村等古村。

灵川大圩镇，东有潮田新河，与平乐的马河相接；西连相思河，可至永福；北面的漓江（下游称桂江）贯穿桂林、兴安、阳朔、平乐、梧州。该镇可上达湖南，下至广州，是古代水路交通的枢纽。该镇始建于北宋初年，中兴于明清，鼎盛于民国时期。南来北往的客商均会聚于此，各地文化不断交融。在沿漓江平行带状发展的主街上分布有江西会馆、湖南会馆和清真寺，显示出商业型聚落突出的外向型特征。熊村距大圩8千米，是湘桂古商道陆路交通上的节点。村中主要道路由南至北中间高而两边低，沿街民居毗邻而建，前店后坊，是典型的街屋格局。

两宋时期，政治经济重心南移，汉族移民给广西带来先进的技术和生产工具，促进了广西经济的繁荣发展。明朝以后，随着全国统一市场的形成，特别是广东商品经济辐射广西的原因，西江水路的交通优势体现出来，成为广西与外界最主要的通道。大批粤商沿西江河道进入广西，促进了广西沿江商业聚落的发展，桂中和桂西南一些原有的城镇亦得以迅速成长。鹿寨中渡镇、桂平江口镇、苍梧龙圩镇（历史上叫戎圩镇，今属龙圩区）、贺州八步镇、靖西旧州镇等集镇均在这一时期得以发展成熟。

另外，从现存一些实例的分析可以看出，交通便利并非商业型聚落形成的必要因素。如昭平县黄姚镇，该镇的原住民为壮、瑶二族；明清以来，莫、古、劳、吴、林、梁、黄、叶这八姓

桂林市灵川县大圩镇熊村

⊙ 兴安榜上村民居

从广东先后迁来，逐渐成为黄姚的大姓，改变了黄姚居民的“土、客结构”。黄姚位于昭平县东北角，境内三条河流均不能通航，也不是古代陆路交通的必经之地，缺乏商业贸易发展的重要条件。从自然条件看，黄姚为喀斯特地貌区域，耕地少，土质差，并不适宜农业的发展。但黄姚地处钟山、贺县（今贺州市八步区）、平乐、昭平四县的交界地带，历史上这里在方圆30千米之内没有固定的集镇，而这一地区广大的乡村又需要一个货物集散的中心。善于经商的广东移民迁入黄姚后，推动了这里的商业发展，使黄姚逐步成为该地理单元内的物资交易中心，从村社变成了繁荣的市镇。

3. 军事型

汉人进入广西即由军事而起。秦军为进军岭南，费时五年开凿灵渠，为确保工程安全而派重兵在兴安大溶江三角洲掘壕筑城驻守，这就是广西有史料记载的第一座城镇，后人称之为“秦城”。如今尚存马家渡、七里圩、太和堡等城垣遗址。根据遗址分析，该城分为内城和外城两部分，外城埂高、厚均约1米。秦城所处地势平坦，两边高山绵亘，四面江流环绕，地理位置十分险要，非常适于宿营屯兵。

自从秦朝开始在岭南设置桂林、南海、象郡三个军政要塞，实施对广西地区的统治后，汉人陆续入桂。历史上因为汉人与土著少数民族的风俗习惯大异，且多有土地经济方面的纠纷，少数民族反抗汉族统治的武装抗争频繁。为防守和镇压农民起义，军事型和军政型聚落广泛分布于广西各地。

军事型的集镇，其中的一部分失去军事意义后便被遗弃；另外一些则由于其地处交通要道或人员密集地区，逐渐演变发展成为商业型或农耕型聚落。如兴安榜上村，原名莲花村，先祖陈俊于明朝洪武八年（1375）随靖江王平息桂林周边的战乱，护驾至桂林。为保灵渠水运动脉的安全，陈俊受命屯兵驻守溴川，在湘桂古道上的莲花村扎营。由于古道交通繁华，因此该村的村民亦耕亦商。现在的榜上村地处溴川乡中心，村民多不务农而以经商为主。

龙脊村

一、村落概况

龙脊村位于桂林市龙胜各族自治县龙脊镇东部，距桂林约80千米。以廖家寨、侯家寨、平寨、平段四个寨子构成该村主体，平寨和平段也合称为潘家寨。这四个寨子相距较近，坐落于山坡之上，自下而上依次是平段、平寨、侯家寨、廖家寨。由于地理位置相邻，往来频繁，这四个寨子的文化习俗也很相似。据村中族谱记载，廖、侯、潘三姓的村民已经在此居住600余年，其祖先明代从广西的南丹、河池等地迁出，经柳州进入桂北永福、临桂、灵川、兴安地区，最后定居在龙脊。南丹、庆远（今宜州附近）自古就是壮族人口密集的地方。这些地方的壮族，自古就有向东、向西、向南迁徙的传统。历史上龙脊村中三个姓氏的村民曾经为了争夺土地资源而发生矛盾，最终大家通过协商，和平共处。最典型的例证就是“三鱼共首”的村落标志，它代表着三个姓氏的村民互信共存、齐心合力。

龙脊村所处的龙脊山区交通不便，与外界的交流相对较少，因此壮族的传统文化、习俗在此得以长久保持。山区林木茂盛，水资源丰富，世代开垦的梯田可以维持村落经济的自给自足，因此这里的聚落形态、营建习惯都保持着传统的面貌，并且建造活动频繁，生生不息。

二、村落形态

龙脊村整体位于一条山脊之上，坐西北而靠山坡，面东南而远眺金江河。以廖家寨、侯家寨为中心的地区，建筑最为密集，顺山脊向上、向下则逐渐稀疏。民居以村寨西侧的溪流（主要水源）为界，东边民居密集，西边主要是人工梯田。这种布局，有利于生活与生产取水。建筑的主要朝向以东南为主，但顺应各自所处地形的等高线有细微差别。村落没有明显的中心性。溪流两侧的空地、村口，以及村中的闲置空地，都成为村民户外活动的主要场所。廖家与侯家几无界线；潘家在最下端，相距较远。

各寨寨口均在溪流附近，凉亭、风雨桥等公共设施也在溪流附近，方便去梯田劳作的村民歇脚、纳凉。溪流在此成为一个自然的边界，东侧建筑密集，西侧建筑稀少。土地庙也设在溪流西侧远离村寨的地方。村寨最上方的山头是村寨的风水林，既能保护水源，又能作为木材基地。村中主要的纵向道路是平行溪流、位于溪流旁侧的石砌台阶，由此路联系各水平向横路；横路平行等高线延伸，每隔四至五排民房有一条横向道路；在村落东侧还有一条曲折的纵向道路联系各横路。

三、建筑特色

龙脊的村落和民居是龙脊乡村社会生活的重要载体，其形态是社会制度、经济状况的反映。龙脊十三寨的壮族家庭的基本单位是家长制父系家庭，实行一夫一妻制，在子女成家后分居，另立小家庭，因此每户的规模不大。由于山地环境用地紧张，龙脊住宅都是独栋的吊脚木楼，没有院落，所有的生产生活需求都在一栋建筑内解决。既要保证安静卫生的居住环境，又要避免住宅内各部分之间的相互干扰，所以干栏式建筑的形式成为龙脊壮族人长期适应生活需要的必然结果。

龙脊村的民居是组成村落的基本单元。这里的民居平面多为五开间、五进深，进深多在10米左右。采用正面侧入的方式入户，楼梯多设在正面东侧；也有的楼梯设在西侧，或者利用地形从二层侧面平入，形成半干栏式住宅。正面侧入型是指从住宅侧面（山墙面）上楼梯入户，经前檐通廊，在正面进入堂屋。楼梯设置在侧面，不占进深方向的空间，有利于山地民居节约用地。其楼梯入户处与堂屋正面不相对，而是通过门廊联系。进入堂屋的流线发生了90度转折，不强调其与建筑的中轴线重叠。这种形式是一种较为古老的入户方式。宋元之际的历史学家马端临在《文献通考》中所述的“门由侧辟”，指的就是这种入户方式。杨昌鸣在其《东南亚与中国西南少数民族建筑文化探析》中推断这种入户方式与上古的“巢居”应有相承关系。

民居的梯段多为9级（壮族以奇数为吉利数字）。楼梯上端入户处多设三面围合的门楼，仅正面开敞（因龙脊冬季寒冷，故未见通长敞廊的做法）。门楼一般做退堂处理。门楼的进深是从檐柱到燕柱（燕柱位于前金柱与小金柱之间，因燕子在上结巢而得名），在燕柱两侧立樘，安装大门。民居首层架空，但四面一般均用木板封闭；内部不设隔墙，仅用半高的栅栏围出鸡鸭圈、猪圈、牛圈。二层是典型的前堂后室平面，火塘间位于堂屋两侧；一般西侧为老人使用，东侧为年轻人使用。火塘间外侧的稍间一般堆放杂物和设置牲畜灶台，或开敞或封闭，视使用需求而定。稍间一般位于歇山屋顶之下（当地称此部分为披厦）。堂屋正中的后墙供奉着祖先牌位，其后部共五间房。正中间牌位背后的房间一般作为谷仓，不住人，以示对神灵的尊敬；两侧的四间房皆为卧室。堂屋正中屋顶做成通高，空间开阔，上有明瓦采光；两侧均做三层阁楼以储藏粮食和其他生产生活物资，通过可移动的木质楼梯上下。

龙脊村民居的木构干栏采用的是穿斗式结构中的减枋跑马瓜的形式，未设置大叉手斜梁。各瓜承接檩条，瓜柱之间穿两枋。各落地柱之间以四步水（两瓜之间的间距称为“一步水”）居多；也有五步水的设计，以保证后部卧室有足够的进深。各柱直径也有差别，中柱较其他落地柱要粗。穿枋厚度很薄，高度较高，充分发挥了该构件的抗弯性能。通长的一串、大串、三串截面较其他穿枋要高，可以看出这种设计对不同重要程度的构件，用材亦有所区别，在力学上也尽可能做到合理。这种建筑构架方式节省木材，结构受力简单明确，空间通透，上部阁楼空间利用率较高。龙脊村民居的山面普遍采用歇山做法，与当地的苗寨、侗寨民居，以及瑶族民居相似。而其他地方的壮族民居山面多为悬山做法，可推断此做法应是壮族迁徙到此之后，通过与其他少数民族互相交流、学习而掌握的。龙脊村民居的屋面多有举折和升起的做法，使得屋面与屋脊线条更为柔和优美；同时举折做法又可使屋面的雨水落得更远，更好地保护木构建筑主体。

龙脊地区林木资源丰富，木材加工技术较为成熟，因此这里的民居立面是壮族民居中最为丰富和细致的。由于桂北山区冬季寒冷，因此传统民居的立面封闭性较强。首层多用横拼木板为墙，上部设有竖向木格栅高窗，以利于通风；也有用片石砌筑填充墙，形成木材与石材的混搭立面。二层以竖板拼接的屏风门为主要维护结构，每开间有二至三扇屏风门；若开窗，则窗面占一扇屏风门的宽度，窗台多在60—70厘米高。正面每个开间都开有一扇窗，门楼处一般完全开敞（新民居亦加窗以避风雨），形成一个明显凹入的洞口。山面一般设有一个或两个窗口；屋顶层前后檐下完全开敞，以利于通风排烟，山面皆封闭。建筑多矗立在片石砌筑的平台之上，各平台标高不一，形成阶梯之感。传统的龙脊壮族民居，屋檐下吊瓜的瓜头做灯笼状雕刻；其他部位则朴素自然，较少装饰。

龙脊村的民居群规模宏大，村落结构清晰，保存完好。其建筑单体是广西北部壮族干栏式建筑的典型模式，是该区壮族人民木构建筑水平的最高代表。可以说，龙脊村的民居群是研究壮族村落和建筑文化最为重要的文物标本之一。

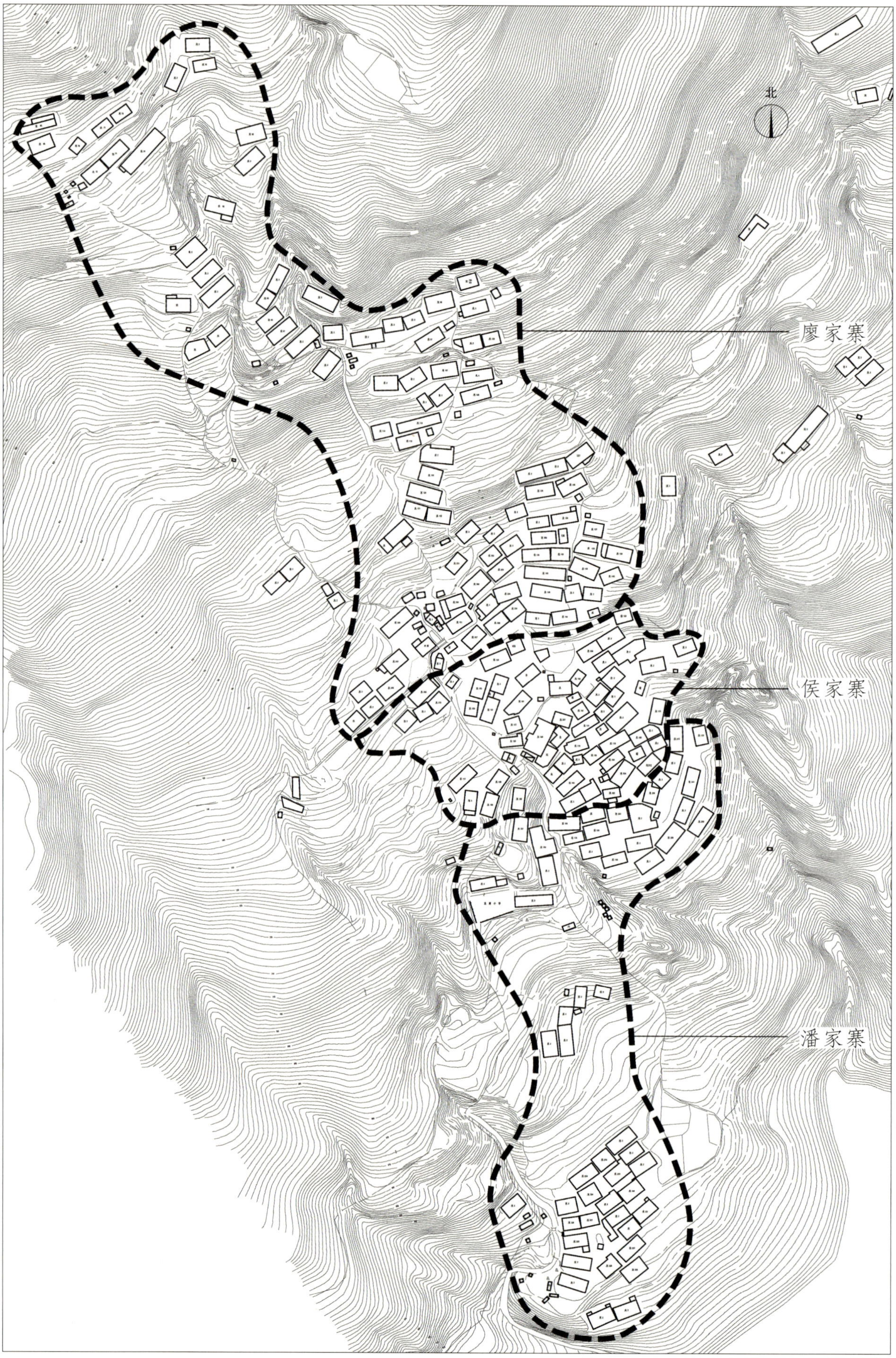

龙脊村各寨分布总平面示意图

匍匐于高山之上、与自然合为一体的龙脊村

代表龙脊村三姓和睦的“三鱼共首”图案

远眺龙脊村

龙脊村村口

村中道路

村中道路

村中道路

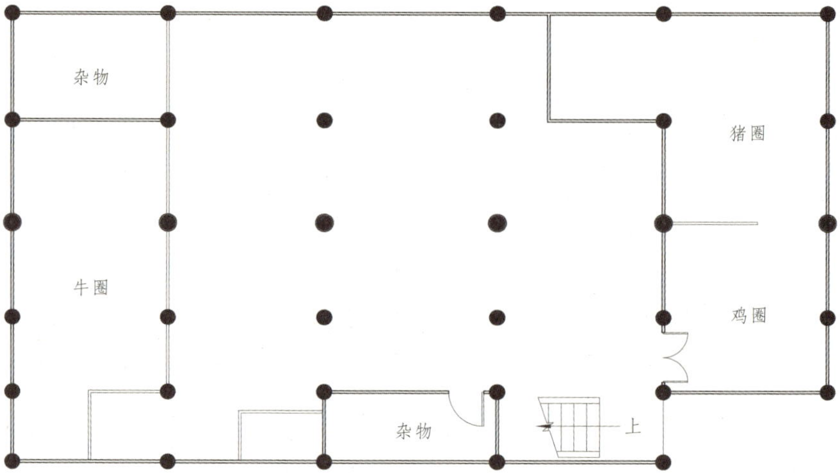

龙脊壮族民居一层平面

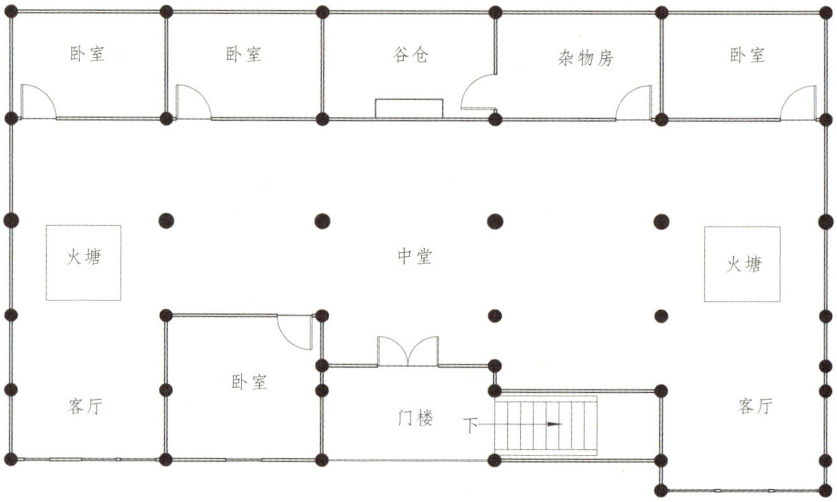

龙脊壮族民居二层平面

民居平面示意图

壮族民居门楼

干栏民居入户

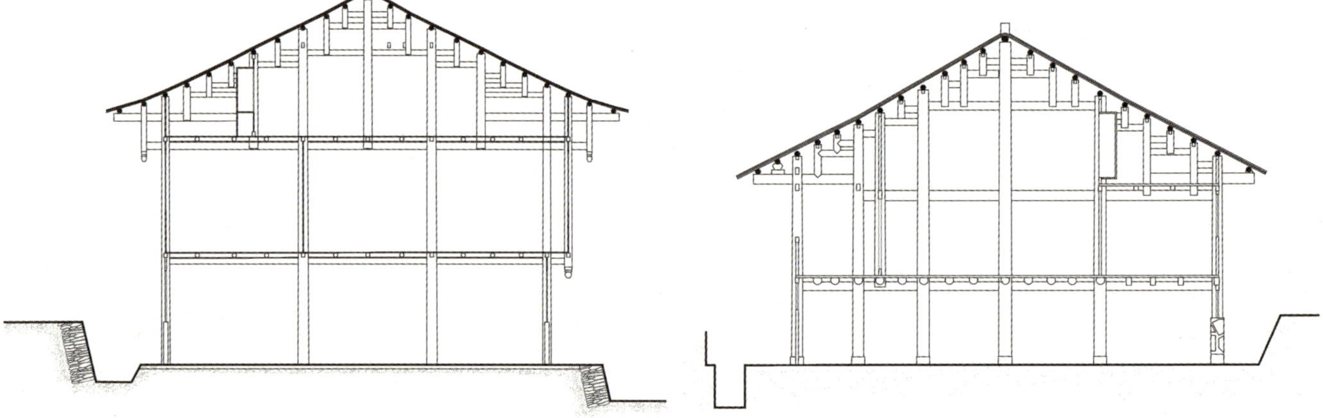

⊙ 民居木构架形式示意图

⊙ 民居外观

高超的穿斗木构工艺

木构细节

木构细节

木构细节

木构细节

廖家寨寨门

廖志龙宅及屋后走道

民居堂屋中的神龛

侯宅堂屋

廖志龙家的火塘

民居火塘

土地庙

凉亭

风雨桥

达文屯

一、村落概况

那坡县所属的百色市，是壮族的聚居区。那坡县位于德靖台地（今德保县、靖西市、那坡县所处的位于云贵高原边缘的一块台地），与我国的云南省以及越南社会主义共和国毗邻，它经常被认为是在广西最能体验到“原汁原味”壮族文化的地区。

那坡县壮族人口为17.45万人，占全县总人口的90.5%。该县壮族有12个族群，其中自称为“敏”（亦称“布壮”）的一个族群，通常被称为“黑衣壮”。据1995年统计，“黑衣壮”占该县壮族总人口的32.6%。因地处偏僻山区，受汉文化影响较少，这里的壮族文化较为纯粹。

达文屯（属龙合镇共合村）是“黑衣壮”聚居的一个自然村。该屯位于那坡县龙合镇北部的大石山区的一个山坳之中，距离镇政府12千米，距离县城42千米。村域面积约1平方千米。居民以梁、马、黄三个姓氏为主。达文屯的经济自给自足，人均耕地旱地0.7亩（约466.67平方米），粮食种植以玉米为主，林业种植有竹子、椿芽木（为主要建筑材料）等，人畜饮水靠汲取泉水（雨季）和收集雨水。至2010年以前，这里的传统文化、干栏式建筑都保存得比较完整。

从2009年起，广西实施“‘兴边富民’农村茅危房改造工程”，达文屯的传统干栏式建筑逐渐被改建成新的高度和层数不一的钢筋混凝土框架或砖混结构建筑，现在村中已无传统的干栏式建筑。本文介绍的是2010年以前的达文屯。

二、村落形态

整个达文屯坐西南望东北。由于南北两侧皆有高山，西侧是河谷坡地的上游，而东侧较为低平，因此这种朝向的选择应该是为了争取更多的日照。由于依赖自然水，屯子居于谷地之中，以便取水。村落前景为开阔的谷口，村口正前方正对一片茂密的风水林，林中设有土地庙。较远处是一座小山，正合风水中的“案山”之象。

建筑沿河谷等高线布置，渐次升高3米左右。各民宅顺应等高线走势，面朝土地庙方向，略成扇形布置。整体布局没有明显的中心性。各户的组合关系有较强的宗族观念，一般相邻的家庭多为直系亲属，很多家族甚至将住房连接成类似长屋的联排住宅，大都各自独立入户。同姓的血缘较近的家族比邻而居，各自成组。村落中部有较直的纵向石阶坡道，通往西南向的村后河谷坡地，东北指向土地庙方向。同标高的各户通过平行等高线的横向通道相联系，横向通道最终都汇集到中部的纵向通道，形成鱼骨状的道路网格。道路为山石砌筑，宽度在1.5—2米之间，石阶不平，行走不便。

梁氏宅位于半山腰，马氏宅位于山脚，黄氏宅位于村中最低处。村落呈现梯级错落的特征，并逐渐向低处发展。全村以住宅建筑（2007年以前均为传统干栏式建筑）为主。住宅建在用石块干垒的台上，前后为道路或种植果蔬的地块，兼顾建筑的消防间距。两条宽度不足2米的纵向石阶路将达文屯划分为三个部分，中部被两条纵路绕成环形，再连接数条横向小道。村四周是旱地，这种“开门见山，下楼种地”的建筑布局方便了农业生产。

21世纪初新建的卫生室（约30平方米）和达文小学（约80平方米，两个班）是砖混结构的平房，也是达文屯最早的现代建筑。此外，文化部门在村口建的“黑衣壮”生态博物馆（2007年）与村民在村前突起的大石上建的土地庙（小平房，被丛林环绕），是村中仅有的公共建筑。在村旁还建有三个圆形的大水柜，储存泉水供村民用，但干旱严重的年份，水柜也是干的。

村道铺石块，房前屋后的种植地用石块围起园墙。狭窄的道路，高高低低的深灰色园墙，探出墙外的枝头藤蔓，造型色彩尺度相近、有序而朴实的民居，檐下的蓄水石槽……这是2009年以前达文屯的景象。它质朴纯真，空间疏朗有序，镶嵌在苍翠的大山之中。

三、建筑特色

达文屯的传统干栏式建筑高三层，底层用于饲养牲畜及堆放生产生活物资，二层住人，阁楼层存放粮食和杂物。建筑采用木结构、悬山顶，屋身前部用木板围合，山墙及后部大都为木条绑扎并涂草泥，局部开小洞口采光。

1. 建筑的功能布局

达文屯的干栏式建筑总高约8米，檐口高3.6—4米，分为底层、二层及阁楼层。底层高约2.2米，二层居中的正堂高敞，正堂两侧高阔的空间设简易阁楼层。建筑以面阔三间或三间组合（兄弟宅）居多，少数为两开间及其组合。通常的民居面阔三间，约10米；进深七间或八间，共13—15米。这里的民居，进深相比桂北龙脊地区的壮族民居要深4米以上。

入户楼梯依风水习俗多设在房屋东侧，也有的人家根据建房时风水的推算设在西边的。自楼梯而上，进入开敞的前廊空间，前廊一般为全面宽的通廊。由于进深较大，除正门开间外，两侧开间均设有一进深的卧室或杂物间，建筑后部的三间为卧室及储藏间。

建筑以堂屋为中心，堂屋正对大门的墙上设神龛，供奉“天地国亲师”牌位。正堂与左右侧间无分隔，共同组成宽敞的家庭公共空间，平面呈“前堂后室”的格局。除正中开间堂屋通高外，两侧开间均做有阁楼，可放置苞谷和杂物，以充分利用层高。

由于二层未设独立卫生间，为使用方便，后排的卧室内设有简易旱厕——在卧室后部的楼板上开一个宽10厘米、长25厘米的洞口，排泄物直接落到一层的粪池内或肥堆上。

楼下安置猪圈、牛栏、鸡笼、粪桶、农具、柴火等。靠近出入口处，设灶台煮猪食。二楼楼面设宽15厘米、长30厘米的投料口（平时盖板），对着底层的大锅和牛料槽。猪圈下有粪池；猪圈旁架木板于粪池上，为简易厕所。牛粪与剩草料混合，直接堆在牛栏中沤肥。积肥对达文屯的村民来说很重要，因为这有利于农业的丰产。20世纪90年代起，每户基本都砌了沼气池，肥料均入沼气池中，卫生条件得到较大改善。

山墙设两排或三排小洞口，屋顶设小块玻璃板，用以采光和通风。由于建筑进深大，因此室内光线昏暗，兄弟宅联排时尤其如此。二层楼板拼接较密实。二层的烟气从山墙顶及瓦缝透出，新鲜的空气从大门、山墙洞口进入，因而在室内不会有异味。这样的干栏式建筑，夏季时比砖房还要凉爽。

2. 建筑的木构架体系

达文屯的建筑采用大叉手结构。每榀屋架使用两根呈“人”字形交叉的大斜梁，是由柱子、斜梁和腰串、大串组合的结构体系。两根大斜梁插入柱顶的开槽中，并在顶端交叉形成凹槽，脊檩搁置其中，其余的檩条置斜梁上，斜梁嵌入小木块以扶住檩条。

两根落地柱之间设瓜柱一根，支在大串上；瓜柱顶开槽承托大斜梁，并用小串与落地柱串联；大串两端开槽承托大斜梁，二者形成稳定的三角关系，从而将屋面荷载均匀地传递给柱子。大斜梁在建筑的前后分别向下延伸，承托檐部。为保证前檐口的高度，前廊的宽度控制在1.5米，因此承托大叉手端头的前檐柱小柱径就能满足承载要求。前檐柱立在高脚石柱（高约1.5米）上，以免柱身被雨水淋湿。这也形成了达文屯干栏式建筑独有的立面特色。其他落地柱的柱础均为30—40厘米的整石，可以防潮。

大叉手结构的构件少，形式和传力简单。达文屯的干栏式建筑，其布局、结构、尺寸已程式化并安全使用了上百年。这表明其结构合理，发展得较成熟，并具有一定的灵活性。大叉手结构，以及木条绑扎、涂草泥墙，让人猜测它与绑扎式巢居可能存在渊源关系。广西西部的干栏式建筑，大都就是在这种形式的基础上有所变化。厚实的木条绑扎、涂草泥墙，造价低廉，对建筑起着围合巩固、保温隔热的作用。

大叉手结构也存在着缺陷。建筑局限于人字坡形式，屋面形态单一。建筑进深大，导致前后檐口过低，影响采光及在檐廊处的视域，空间较压抑；而建筑中部的阁楼空间又太高，空间利用不充分。柱子密，对木材的利用和建筑空间的使用效率不够高。

3. 建筑的色彩

建筑的山墙和后墙因使用木骨泥墙而呈土黄色，建筑正面的高脚石是灰白色，栏杆、木墙板是原木色，屋面的瓦是暗红或深灰色。这些色彩的组合，使得建筑具有鲜明而强烈的色彩协调效果。

总之，达文屯的传统干栏式建筑满足了农业生产和居住的要求，具有适应山区地形、防潮、防野兽蛇虫、节约用地的优点，是壮族广泛采用的建筑形式。而其“前堂后室，布局讲究对称，正堂设祖先牌位，大门、正堂、神台设在建筑的中轴线上”这些特点，则显示其明显受到了汉文化的影响。这里的民居屋顶都采用悬山形式；由于进深较大，多显得低矮；一般没有升起和起翘等构造做法，外观平直而朴素。

⊙ 达文屯总平面示意图

达文屯全貌(2008 年)

林中的达文屯

达文屯村口

卫生 摒弃陋习

依山就势的建筑布局

石垒矮墙

黑衣壮妇女

户间缝隙

村中过道

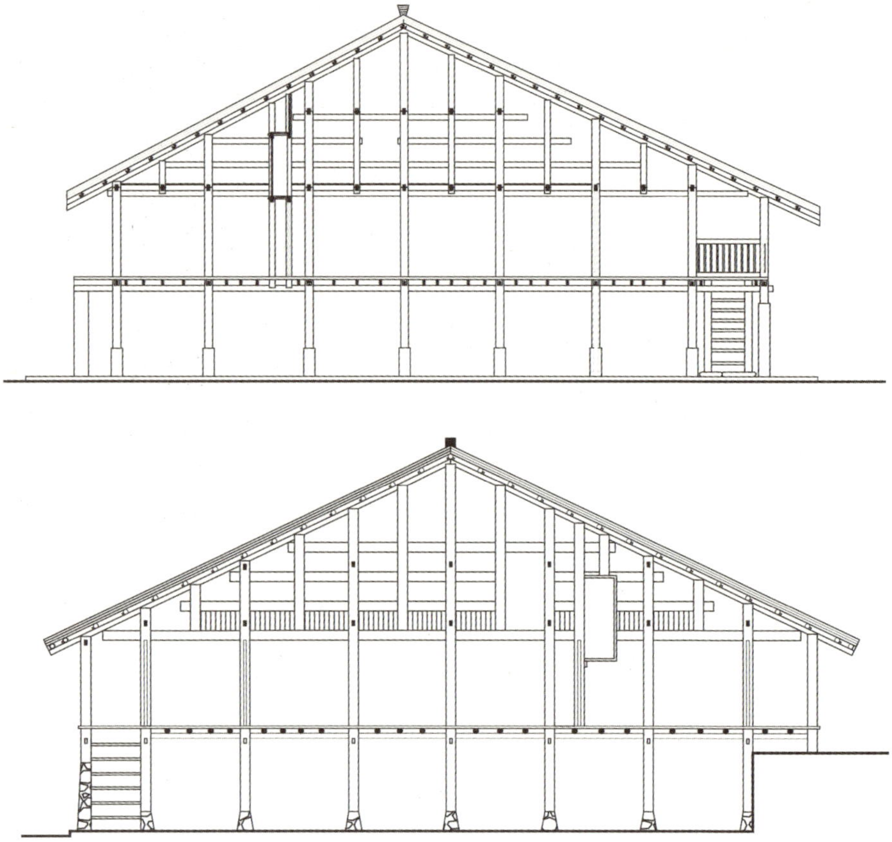

⊙ 达文屯民居木构架形式示意图

⊙ 土木搭配的建筑

就地取材的山墙面

木骨泥墙

山墙排烟口

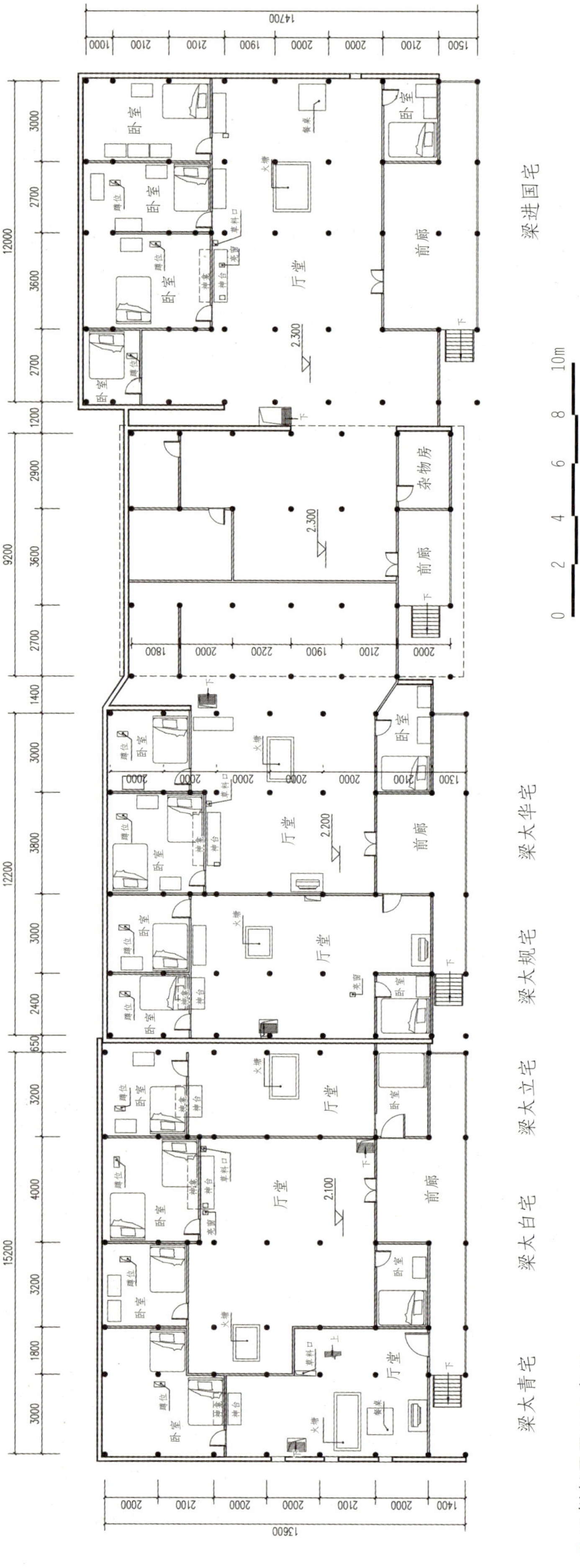

⊙ 干栏长屋平面示意图

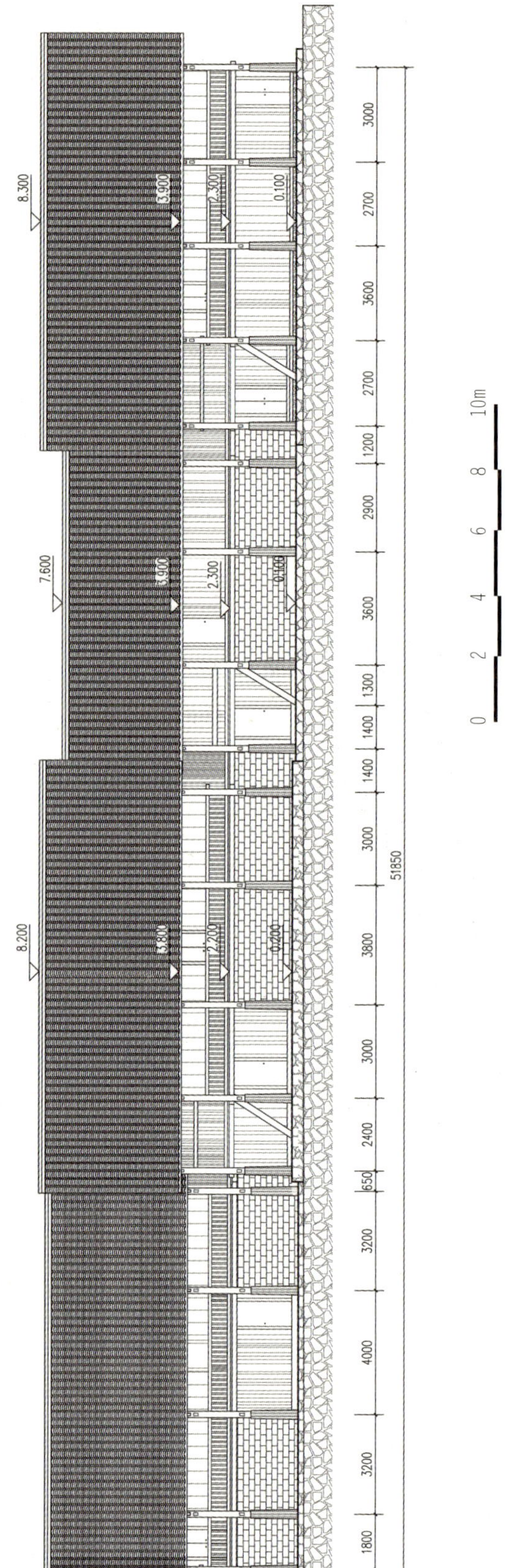

⊙ 干栏长屋立面示意图

⊙ 干栏长屋

⊙ 建筑的户外活动空间——长廊

入户楼梯

门前的风水石碑“泰山石敢当”

檐柱的长柱础

通长的门廊

干栏民居底层

⊙ 民居室内

⊙ 火塘布局

那岩屯

一、村落概况

那岩屯位于百色市最西端的西林县马蚌镇浪吉村，地处滇、黔、桂三省（自治区）交界地带的云贵高原边缘，海拔970米左右，是一个壮族自然村。那岩屯距西林县县城75千米，距马蚌镇镇政府所在地6千米，村东北方向6千米处是国家重点水电工程天生桥水电站库区——万峰湖。其所处的环境属亚热带季风气候，年均气温19.1摄氏度，年均降雨量1100毫米，年均日照1612小时，土质肥沃，易于耕作，适宜多种农作物和林木生长。

在壮语中，“那”指的是“稻田”，“那岩”的意思是“一块在山垭口的田”。那岩屯的地名特征体现了壮族的稻作文化。全屯有120户，以岑、吴两姓为大姓，还有熊、王、贺等姓氏。据那岩屯的老人讲述，他们的祖上是古“句町国”头领“承”的后裔。那岩所处的地带属于古夜郎国、古滇国与汉朝都难以管理到的地方，这使得古句町国的子民战败后能在那岩生存下来。该屯由坝南、坡玛嵩、小寨这三个山峰组成。传统的干栏式建筑集中于一座东西走向的土山的山脚到山顶地带，而且主要是集中排列在山脊上。

二、村落形态

那岩屯所在的山区，山体多呈东北—西南走向；唯独有一长一短两条小余脉呈东西走向，隔着山谷前后平行。那岩屯的传统干栏式建筑群就分布在北面较长的、略呈弧状的土山上。

从村级公路下坡，就进入了那岩屯西边的山脚地带。这里是村的入口，设有小学和操场，地势平坦。往东穿过操场，一条“之”字形的石阶山路将人引上山。将到半山腰的时候，便可见一栋栋传统的干栏式建筑，面向村口，朝西依地形由低到高排列。到了山顶，地势相对平坦，这里有四排密集排列的木楼。中间最长的一排有六栋木楼，最短的一排只有两栋，在南面临陡坎处有两栋。山顶的建筑朝向均向南，略偏东。

整个村落呈东西走向的带状布局，与山的走向相呼应。建筑的四周是陡峭的山坡，村落的布局有利于防守。把木楼建在山顶上，设窄窄的走廊连接每一栋房子，有利于人们相互走动，更有利于战时的防守。加上周围山峰环绕，森林密布，易守难攻。历史上这个村曾经历数次土匪的进攻，均成功化解，表明村落的选址、形态和建筑布局相当成功。

稻田均位于山谷，房子四周的山坡上则种植玉米、李树、枣树、芭蕉树等。为了解决农产品和肥料上山、下山的运输问题，许多人家都养马驮物。马圈和猪牛羊圈都设在干栏式建筑的底层。山路都是“之”字形的。村内的主要道路都是东西走向，分别连接山顶、山腰和山脚。道路两旁不时缀有高大的榕树。

1950年以后，社会安定，人口增长迅速，部分村民开始到山腰、山脚地带建造新房，或沿着村级公路两旁建造新房，以方便劳作和进城。新建的民居分布呈线性形态特征。

21世纪以前建造的房屋，多采用传统的干栏式或木构地居式。21世纪以后的新建筑，多为砖混结构的楼房。

三、建筑特色

除了那岩小学（现代建筑）以外，那岩屯的建筑均为住宅。传统建筑都是木构的，其特色主要表现在建筑类型、结构和装饰上。

1. 传统建筑的类型

（1）干栏式木楼

干栏式木楼以位于山顶的岑氏联排长屋为代表。岑氏联排长屋的每一栋木楼均为三开间，后来又有加建。加建之前的面阔为12—13米，进深约9米。建筑底层架空，用于摆放农具、圈养畜禽、安置厕所；二层为居住层，住人；设在次间上的阁楼层储藏粮食和放置杂物（如纺线机、织布机等）。

二层的北面设贯通整个建筑面阔并连向他户的走廊。从走廊进入明间为堂屋，次间前后各设一间卧室。走廊的对面是后来加建的厨房、晒台等。每一户的面积都相当宽裕，位于端头的一户还可往侧面扩建。

居住层主要部分的布局为一明两暗。二层堂屋空间通常深至建筑后墙，通高至屋顶。神台靠后墙设置，面向大门。在堂屋靠近大门的上空设置连廊，连通左右次间上的阁楼层。有活动爬梯通向连廊，从而进入阁楼。堂屋较宽敞，空间层次较为丰富，上下的交通联系也很方便。

各栋山墙相距1.2—1.5米，安排有进出通道和上二层的楼梯。通道和楼梯的上空均被伸出山墙的屋顶覆盖，这就形成了山墙之间的灰空间，为长屋中的各住户提供了互不干扰、独立出入的空间。

上世纪50年代至90年代新建的干栏式建筑，逐渐往半山腰和山下发展，以三开间独栋建筑为多见。这些干栏式建筑底层架空，或简单围合。楼梯紧贴山墙设置，连接地面到位于建筑二层前部的敞廊。建筑的大门位于二层明间。火塘、炉灶、餐厅设在右次间中部到前部的空间，与堂屋共同组成建筑的开敞公共空间。左次间和建筑的后部空间，一般安排为卧室。阁楼的设置与传统干栏式建筑大致相同。

（2）木构地居式建筑

木构地居式建筑多为三开间，多建于1950年以后。地居式建筑各栋相对独立，不再像过去那样数栋建筑连接在一起组成长屋，因而选址相对自由，适应了山区“适宜建设的用地分散”且“地块面积小”的特点，对预防火灾也更加有利。同时，建筑周围开辟菜园，使建筑与农田的距离更近，生产和生活都更加便利。

与干栏式木楼相比，地居式建筑由于取消了架空层，居住层直接落在地面上，因此进出建筑更加方便。一层不再设前廊，大门设在明间。通过将入口空间向内凹进1米左右，形成了入口的灰空间，解决了室内与建筑外部空间的过渡。

部分建筑利用右次间的前部设厨房，其余的次间空间划分为大小不一的卧室。明间的堂屋是活动中心，神台多靠后墙设，面向大门。堂屋靠近大门的上空，设置平台，连接左右次间上的阁楼空间，并设爬梯以供上下。堂屋的这种处理，与传统的干栏式木楼基本相同。

有的地居建筑甚至把居住和厨房、畜禽饲养区分离，体现了社会的进步。如岑海志宅为一明两暗的地居模式，厨房附属于一侧建造，牛圈和柴房则安排在屋后的山坡下，晒台亦为平地搭建。同村另一地居式的岑宅为五开间中轴对称布局，猪圈、厕所和骡棚则分列轴线左右，具有三合院的空间特征。

地居式建筑的这种处理方法，为木结构向砖木结构演化埋下了伏笔。

由此可见，那岩屯的建筑类型较为丰富，既有前堂后室，也有一明两暗，楼居和地居模式也同处一村。虽然那岩屯以军事要地的封闭性而闻名，但其建筑形式也和其他壮族干栏式民居一样，融合了较多的汉族文化。

2. 传统建筑的结构和装饰

（1）结构

那岩屯的传统干栏式建筑结构全面反映了该地区建筑结构的特点。

木干栏均采用穿斗结构，悬山顶瓦屋面，居住层和阁楼层的外围护均采用木板企口缝密缝拼接，冬季防寒效果较好。有的住户因为经济原因，阁楼层并不围合，冬季室内受气候影响就比较大。底层用木条围合或全部架空。

室内空间宽大是那岩屯传统建筑的特点之一。明间室内宽达4.5米，次间室内宽达4.1米，这对于其他地方来说，十分少见。进深方向的柱距一般为2.2米左右。

檩条多采用矩形截面，底部嵌入柱顶部。檩条的上部处理成斜面，加大了与屋面的接触，更好地承托屋面的重量。檩条的间距约0.7米。

一些建筑由三开间向两端扩建为五开间，扩建的屋面被处理成披檐，紧贴原建筑的山墙，从而丰富了屋面形态。

（2）装饰

那岩屯的传统干栏式建筑几乎没有多余的装饰，朴实无华，呈现出原木色与悬山顶灰瓦、披檐、晒台组合的丰富效果。一层的柱廊和二层的敞廊所形成的灰空间，丰富了建筑立面。建筑与山、林、田野和天空一起，给人以世外桃源的感受。

从山脚看那岩屯

俯瞰那岩屯

俯瞰那岩民居

⊙ 位于山顶的民居（韦玉姣　拍摄）

⊙ 建于 20 世纪 90 年代的干栏式建筑（韦玉姣　拍摄）

⊙ 传统民居（韦玉姣 拍摄）

⊙ 传统民居（韦玉姣 拍摄）

⊙ 两栋在五开间基础上扩建的民居（韦玉姣 拍摄）

三开间地居式建筑（韦玉姣 拍摄）

干栏式民居的入口、山墙和晒台

相邻四栋干栏民居（局部）

相邻四栋干栏民居（局部）

干栏式民居的楼梯和前廊

干栏式民居的前廊

干栏式民居的前廊(韦玉姣 拍摄)

民居之间

民居与道路(韦玉姣 拍摄)

近观马鞍寨

寨门

俯瞰程阳八寨

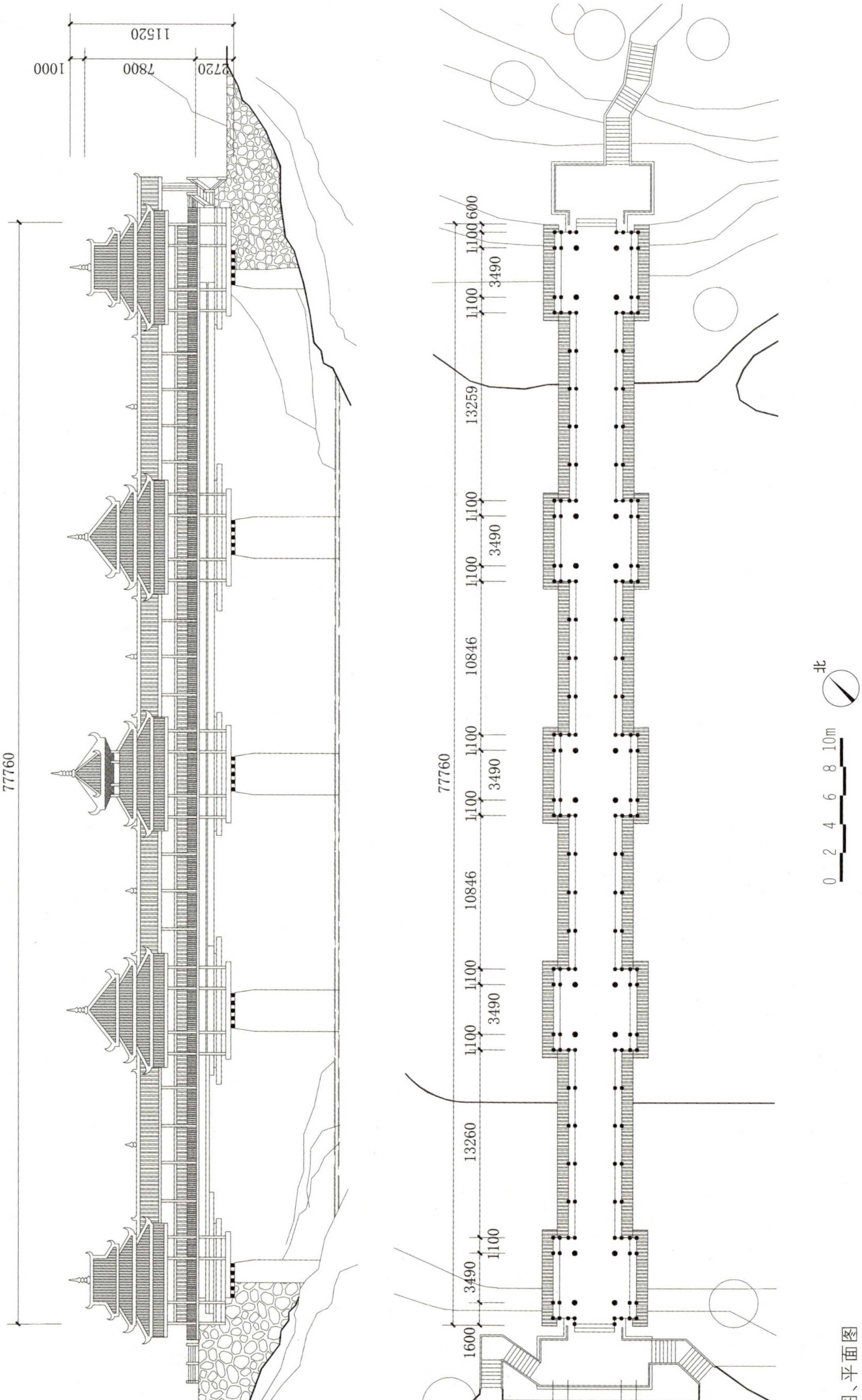
11520
1000
7800
2720
77760
77760
600
1100
3490
13259
10846
13260
1600
1070
3750
北
0 2 4 6 8 10m

永济桥立面图、平面图

大寨的民居

岩寨鼓楼

鼓楼内部复杂精美的结构

鼓楼与民居

鼓楼与民居

⊙ 鼓楼与民居

⊙ 鼓楼与民居

梯田

谷中民居

朝向顺应山形的民居

新老民居共存

上世纪 20 年代的老民居

顺应等高线布局的建筑

⊙ 多间民居联立

⊙ 民居正面

⊙ 半边楼全貌

⊙ 半边楼（前半部分架空，后半部分接地）

瑶寨"半边楼"侧面

屋脊的铜钱纹样装饰

吊瓜小阳台

架空层底部

入户楼梯

村中小溪

晒场

红瑶晒衣节

寨门前的树林

凉亭

民居与巍峨的圣堂山

民居二楼的敞廊

下古陈村民居 8 号、9 号

⊙ 筑于垒石之上的民居

⊙ 民居的前院

生态博物馆

垒石平台之间的石阶

黄墙黛瓦的民居

⊙ 坳瑶黄泥鼓舞

⊙ 俯瞰坳瑶黄泥鼓舞

古砦仫佬族古建筑群

一、村落概况

柳州市柳城县古砦仫佬族乡的古建筑群（含覃村屯古建筑群、潘村屯古建筑群和滩头屯古建筑群等）始建于明清时期，居民以外地迁入居多，组成成分较为复杂。古建筑群位于柳城县北面25千米处，在从南至北长9千米、从东至西宽1千米的范围内。

古砦的古建筑群共有500多幢，多为青砖瓦木结构，木雕花窗做工精细，80%以上保存完好。房屋的建筑及各通道都保持了原有的历史风貌，民居、石拱桥、衙狱、古井、碉（炮）楼、祠堂、学堂、古巷道和石门楼等保存完整，是柳城县规模最大的古建筑群，也是目前发现的规模最大的仫佬族古建筑群村落。

二、村落形态

滩头屯是柳城县仫佬族古建筑群中规模最大且保存完好的仫佬族围村之一，始建于清朝道光七年（1827）。滩头屯位于古砦仫佬族乡中部，距离县城18千米。全屯150多户，有120多间古民居，还有保存较完好的公共建筑：门楼、祠堂、碉楼、庙宇等。在滩头围村，门楼是作为村落空间的界定标志，以及每个巷道出入口的标志。村中共有三座门楼，依次坐落于村子的东、中、西三个位置，门头上分别刻有“南极流辉”“拱辉正气”“南岳钟灵”字样。三座门楼朝向并不一致，最东侧的和中间的门楼朝南偏西，最西侧的则朝南。其共同的特点是都正对村落南面的一座山。山的形状如同元宝，所以当地人又称其为“元宝山”，有将财气、福气迎入村中之意。刻有“南极流辉”字样的东门楼，是进入村落后的第一个公共建筑，也是三座门楼中设计最为巧妙的一处。穿过门楼看到的并不是完整的巷道，而是第一家住户的南墙，墙体为青砖结构，距门楼2米左右；右侧为第一家住户的耳房，设有24厘米×30厘米的小窗。必须要穿过门楼左转才可看到巷道的全貌。这样设计是因为，明清时期，处于偏远地区的少数民族常受土匪、盗贼等外患的侵袭，一旦城门被攻破，小空间可以有效地避免大量匪徒冲进巷道，左侧巷道的住户和右侧耳房中的人还可以做到有力的还击。这体现了仫佬族人巧妙运用建筑空间进行防御的智慧。刻有“拱辉正气”字样的中门楼，门框为石墙材质，石墙上刻有“道光十五年（1835）立”字样，与东门楼门框所刻字样相似，屹立于村口。如有匪患，门楼作为一种重要关口，与周边的砖石围墙相连接，可以起到防御作用。东门楼和西门楼的巷道相互连通；中间门楼的巷道相对独立，但巷道内的住户均有小门与之相通。如果东西两门楼被敌人突破，全村人可集中在中间门楼的巷道内共同防御。如今，门楼已成为村里男女老少交流、休憩的公共活动场所。刻有“南岳钟灵”字样的西门楼，其构造和功能与东、中门楼有异曲同工之处。西门楼正对南方的“元宝山”，有着良好的通风。微风掠过池塘，穿过门楼，贯穿整条巷道，因此选择在西门楼乘凉、休憩的人也是最多的。

滩头围村内仅有一条主街，街北侧为民居建筑，南侧是池塘。民居之间的巷道相对而言要窄一些，是邻里乡亲彼此联系的空间纽带；两侧多以住宅的院墙围合。在滩头围村的三条巷道中，东西两条贯通，中间的巷道则相对独立。因为每家住户的居住空间不尽相同，所以形成了曲折而狭长的巷道，避免了一览无余，也增添了巷道空间中的层次韵味。巷道空间的形成离不开沿街立面的围合，因此，由每座建筑单体组合而成的沿街立面是构成空间特色的首要元素。在广西仫佬族村落中，巷道两侧民居外墙的材质简洁统一，立面高低起伏，变化丰富。在滩头围村的街巷空间中，界面并不是一成不变的，每个住户的外墙或是门头都有着细微的差别。例如巷道两侧屋面和檐口的高低不同，围合立面单元挑檐的深浅和方式不同，山墙上窗口的大小和形状不同，最西侧巷道中四层的碉楼打破了平而缓的节奏……这些细微之处使围合立面在统一中不乏变化。

三、建筑特色

1. 民居

传统的仫佬族民居，一般都是独家独院，并在正屋前面建扎门（也称小门楼）。过去为了防盗，扎门除了两个牢固的门扇外，还加五根用坚木做的立柱。在门框上下方钻有五个立柱孔，门框上方还设有机关。关上立柱，再把上方的机关关上，在外面就无法打开了。扎门两侧建有围墙，与正屋形成一个整体，中隔天井。但各家各户的扎门与正屋的朝向并不一致。据说这是由于仫佬族先人相信风水，认为在某年建屋时哪个朝向吉利，扎门就朝这个方向建。但是多数扎门是朝着村巷的，因为这样进出方便。房屋的建筑形式多为一排三间。正屋高两层，但二楼不住人，只是作为谷仓或杂物房使用；一楼中间分前后厅，两厢分前后房。仫佬族所在的地区盛产煤炭、石灰，仫佬族人就用煤灰、石灰拌浆抹墙。内壁下方以煤灰批荡约1米高，刻上砖纹；内壁上方和大门上壁则绘上花鸟虫鱼、龙凤、麒麟、祥云等图案。如此一来，整座正屋更显得整洁明亮、美观大方。

传统的仫佬族民居，除了门楼和正屋“不正对”，另一个特点就是“户户相连”。虽是独家独院，但户与户之间都有侧门相通。出正屋后门，就是邻家的天井。除有巷道相隔或独立建房者外，数十户的村落，几乎可以穿行无阻。这一方面是为了方便邻里间平日交往，另一方面则是因为旧社会兵灾匪祸频繁，打家劫舍的事时有发生，而家家有门相通，就便于走避和互相救援。这也反映了仫佬族人团结互助的民族品性。

仫佬族民居中最令人称奇的是地炉。地炉多建在堂屋大门两侧或是厨房中，以仫佬族地区盛产的无烟煤炭为燃料。建地炉须先在地上挖一个深约1米的长方形炉坑，用砖砌底；再在坑中用砖砌好方形的炉灶，炉灶旁埋放一个陶制的大水坛（仫佬族人称其为瓮坛）。瓮坛口要略高于地面，以避免污水流进坛里。在接近炉坑底部的炉灶中间安放三根粗铁杆作为炉条，炉底则要连通一个四方形的煤渣坑，这样，燃烧过后的煤渣、煤灰就可以从坑中挖出。平时煤渣坑用活动的木板盖着。瓮坛和炉灶的四周全都用泥土填平，表面打上三合土。这就是一个功能完备的地炉。地炉火一天到晚都不熄灭，煮饭、炒菜、打地炉火锅都很方便。瓮坛里一年四季盛满暖热的清水，洗脸、洗手脚、洗澡都随时可用，十分方便。隆冬时节，红红的炉火让整个屋子都充满浓浓的暖意。

2. 祠堂

仫佬族的居住方式是“聚族而居”，祖居大族先后是谭、戴、李、莫、龙、姚、梁等姓氏，目前梁氏是滩头围村最大的姓氏。滩头围村的梁氏分设有祠堂两座。其中大公祠堂已于1956年被拆毁，原址另建了现在的古砦中学。现有保存尚好的小规模祠堂——梁氏宗祠，位于西门楼所延伸的巷道内，为青砖抬梁式木结构。祠堂面宽7.3米，进深9.5米，在中轴线上由西南向东北分别是正门、庭院、正殿。正殿为敞口厅，两侧基本对称，属于较典型的布局，是古砦仫佬族乡现存较早、较完整的宗祠之一。穿过宗祠的正门处有一个较小的空间院落。院落东墙靠近正殿的一块石碑上刻有文字，系清朝光绪年间所刻，石碑记载着梁氏始祖的来源。梁氏宗祠把神牌供奉在拜殿后墙前的香案上，并为祖先设立神位，与其他神灵供奉在一起。村民每年都进行联宗共祭。另外后墙还供奉着对仫佬族发展有恩的以白马娘娘为首的神灵的樟木面具雕像。如今一些大型祭拜活动仍然会在宗祠内进行，宗祠的功能一直延续至今。

3. 碉楼

在村落中建造防御性的建筑，是中国古代乡土建筑的一个传统。碉楼的土名叫“炮楼”，学名叫“望楼”。在滩头围村曾建有两座四层的碉楼，其中一座已拆掉。现存的一座碉楼为青砖木结构，外墙上规则地分布着内大外小、比较规整的射击孔，在古时起瞭望和射击的作用。碉楼内的二层是由较规整的木板搭建而成；三、四层只有简单的木梁，木梁上放置两条木板，形成临时的“楼板”。为适应岭南地区多雨、天气炎热的特点，建筑墙体采用了双层砖结构（外青砖，内泥砖）。外层青砖有利于抵御风雨对建筑的侵蚀；内层泥砖具有较好的隔热保温效果，可以使得屋内冬暖夏凉。

4. 庙宇

滩头围村的婆王庙位于中门楼和西门楼之间，开门朝向南侧的池塘。开间5.5米，进深4.4米。其规模较小，青砖木结构，在南墙的顶端开设一排青砖结构的折线窗，以便室内通风。婆王庙内供奉着13尊“婆王娜”神像，现仍保存完好。“婆王娜”身后的墙上还画有麒麟、花瓶、插花、松树、童子等图案。这些“婆王娜”寓意不尽相同，但都有保佑仫佬族人五福安泰、六畜兴旺、人丁昌盛、家庭和美等寓意。

从后山俯瞰古砦仫佬族乡古廨屯

古砦仫佬族古建筑群的围墙及入口

碉楼

碉楼

民居

朝巷道开门的民居

三合院民居

民居的门罩

民居的后门及巷道

民居门楼背面

古砦仫佬族乡 81 号民居的凹斗门

古砦仫佬族乡 81 号民居的厢房

民居的木窗

⊙ 民居的空斗墙

⊙ 巷道

巷道

长岗岭村

一、村落概况

长岗岭村是位于桂林市灵川县中部灵田镇的一个自然村，现有104户，有陈、莫、刘、钟四姓，其中钟姓只有一户。据陈、莫、刘三姓的族谱记载，陈、莫、刘三姓先祖均为山东青州府益都县（今青州市）人。南宋理宗年间，陈氏、莫氏、刘氏的始祖陈季豪、莫友臣、刘进甫从山东青州府南逃至桂林，迁居灵川县灵田阳旭头村、店里村，元朝、明朝时期成为灵川县的望族。民国十八年（1929）《灵川县志》载："明以上，五区四姓（秦、莫、刘、陈）簪缨相袭，科第联翩，而莫氏官阶之大为灵族称首。"明成化年间，刘氏七世祖刘善政携子从灵田店里村迁居长岗岭上角冲、下角冲、寺岭上。明弘治年间，莫氏七世祖莫绍德携三子从灵田店里村迁居长岗岭轭子上、泠子头，在屋背后开设商铺。明嘉靖年间，陈氏九世祖陈显禄从阳旭头村迁居长岗岭村。五百年间，长岗岭村人才辈出。据相关统计，有正五品1人，从五品1人，正六品2人，正九品1人，从九品3人；授六品军功3人，授八品军功3人；陈焕猷四代连仕；清国子监监生7人，清庠生20多人……

明清时期，由于灵渠水运交通繁忙拥堵，一条由湘南通往桂北漓江的陆路商道由此而生，经全州至兴安，再经崔家、高尚、三月岭、熊村，最后到达漓江边的大圩古镇。长岗岭村恰好地处海洋山三月岭古道的咽喉之处，四周环山。湖广民间的商运，官运漕粮兵饷，兴安、全州、灌阳、灵川、临桂诸县往来桂林的商旅，都在长岗岭驻足。村中陈、莫姓利用长岗岭村特殊的地理位置，经营食盐、桐油等，大获其利，使村庄发达数百年，在明清时就有"小南京"之誉。

长岗岭村现遗存有宋代古商道，还有明清古建筑100余座，以及古墓葬70多座。人称前有靖江王陵，后有长岗古墓。目前保存完好的建筑有莫氏宗祠、卫守副府、五福堂（戏院）、大夫第、别驾第、莫府等。这些建筑体量、规模都较大，多在纵向数进院落的基础上，分立横屋、天井，以此作为厨房，或作为给用人居住、存放杂物的房间，并用巷道将其与中轴建筑进行横向联系、组合。

长岗岭村的大宅院分别建于不同的历史时期。明朝万历中期，莫氏十世祖莫近田广置良田，重修屋宇，兴建长岗岭村的莫府老院（即今莫府）。清康熙末年或雍正初年，陈仕显和陈焕猷父子营建长岗岭村卫守副府的四进中堂建筑，以及北侧横屋和南侧花厅。此后，莫氏十四世祖莫舒昌于清乾隆年间改建轭子上的中堂建筑及两侧横屋。乾隆年间，莫氏十五世祖莫芳杰营建泠子头中间的三进建筑。清嘉庆年间，陈氏十六世祖陈大彪建别驾第的三进中堂建筑及横屋、花厅，建卫守副府北侧的三进中堂建筑及横屋，建五福堂西北侧的三进中堂建筑及横屋等。清道光年间，莫氏十六世祖莫星翌扩建轭子上靠后龙山的两排三进中堂建筑及两侧横屋。道光年间，莫氏十六世祖莫昌得、莫星翌创建莫氏宗祠，陈、莫、刘、唐、肖五个家族创建五福堂。

二、村落形态

长岗岭村位于海洋山山腰上三月岭古道的咽喉之处，背靠龙脉雄狮山。左砂为挂膀山，右砂为天鹅山。村前有大片良田，还有一道清溪蜿蜒南流。再前有毛界岭、大观音山为案山、朝山。四周群山环抱，形若“五龙抢珠”。整个村落的地形地势完全符合古代堪舆选址的理念。

长岗岭村古建筑群位于今村落的西部，依坡而建，层叠而上，气势非凡。建筑多朝南或东南，获得良好的通风、采光。作为曾经的桂林富豪村，其宅院的显著特点就是独立成院、布局严整、工艺精美、规模宏大。宅院都为重重天井递进相连的地居合院式，有三进、四进、五进、六进等。通常在纵向数进院落的基础上，分立横屋、天井和巷道进行横向的组合，扩大使用面积。村内以依坡而上的纵巷为主，横巷为辅，连接各大宅院。

长岗岭村建筑形式多样，有用斗拱和纵向构架的卫守副府，有用抬梁式木构架的五福堂，有用穿斗式木构架的新莫府大院，还有使用天门和藻井的莫府等。

三、建筑特色

1. 莫氏宗祠

莫氏宗祠始建于清道光二十三年（1843），民国十年（1921）重修。它是一进院落的木结构地居合院式建筑,中华人民共和国成立后曾作为长岗岭村的小学校舍。其门厅采用前后均起翘的“金”字山墙，用穿斗式木构架。门墙内分上下两层：上层为宗祠的谷仓；下层三间，中间为过道，左侧间为旧时宗祠雇用的焚香奴仆的卧室，右侧间用于存放祭祀用品。正厅是宗祠祭祀和议事之地。祠堂亦采用前后均起翘的“金”字山墙，用穿斗式木构架，但为了获得宽敞的祭拜空间，对其构架进行了调整：一是将明间的檐柱侧移，形成“八”字形入口空间，增加明间的面阔，在视觉上更为大气；二是将明间两榀梁架的中柱取消，并以天花遮掩明间、次间的中跨空间。

2. 卫守副府

长岗岭村的卫守副府，中央的核心部分宽15米，深达50米。主体建筑为四进，前两进始建于康熙初年，后两进始建于乾隆末年。两侧分立横屋、横天井。左侧横屋供仆人生火、下厨、居住等；右侧横屋已毁，原是主人读书、赏花的场所。主屋宽15米，深47米，屋前为宽敞的晒坪。第一进为入口大门门厅，前有9级条石台阶与晒坪相连。门厅前设3米深、6米宽的凹门廊。门廊左右各有一根木柱，将宽大的门廊分为三部分。门廊吊顶为圆弧卷棚状。大门宽约1.5米，门楣之上悬挂“卫守副府”木制牌匾。大门后的门屋尺度较小，仅1.8米深，作为玄关之用。通过门屋后的六扇木制雕花大门，可达宽敞的前天井。前天井两侧为厢房，和门屋两侧的门房连为一体。前天井的地面下沉30厘米左右，正中设宽约1.5米的走道，将前天井分为对称的两部分。前天井的正对面是第二进的前檐廊，深约1.3米，廊前檐下悬挂“德昌燕翼”牌匾。

二进建筑是该宅院的官厅。官厅面阔五

间，使用了调整构架方式和移柱的方法。其明间檐下正中悬挂“燕翼宛彰”牌匾。官厅是对外接待的重要场所。为了使空间更为宽阔，官厅明间两榀梁架使用了广西极为少见的纵向构架。即取消明间的前金柱，将明间两榀梁架的七架梁前端雕刻成龙头形，直接搭在关口梁上，后端则插入金柱内，这使明间的室内空间宽达6.3米。此外，将明间、次间的前檐柱向两侧移动，不与明间的后金柱及次间的前金柱对位，这使明间的檐下开间宽达4.3米。同时，这样的构架方式不但提供了更宽敞、气派的室内空间，而且使官厅的正立面及内部空间变成五开间，提高了官厅的等级，展现了主人的社会地位。但是，这样的做法一定程度上牺牲了木构架的横向稳定性。明间两榀梁架是官厅的焦点所在，处理得十分讲究：在横向上，大梁均由栌斗承托，檩条则搁在向两侧伸出插拱的梁端上，造型大气而不繁复；在纵向上，则采用驼峰双跳斗拱的方式，即驼峰上置大斗，斗上承梁，梁上承两跳顺檩方向的驼峰斗拱，形成精美的看面，点缀官厅的明间空间。次间梁架则简洁很多，使用典型的桂北汉族穿斗式梁架，进一步衬托出明间梁架的精美。稍间使用硬山搁檩的方式，将檩条置于山墙之上。

三进和四进是起居生活和拜祭祖先之所，尺度和格局类似，均为明间厅堂，两侧正房，厅堂后均设玄关（后堂背），北面的后正房均朝向后堂背开门。四进厅后还设有后天井（半天井），与很多空间讲究的桂北湘赣式民居相似。该天井宽同面阔，保证四进厅两侧北向的后房也有良好的采光通风。正房左侧为厨房、储藏室、下人居住的横屋，与正房以天井相隔。横屋南面有独立于正房的出入口，使服务动线与中轴线分离。正房的每一进均可通过该进的前檐廊与横屋相通，以保证用人为各进厅堂的主人服务。

总之，卫守副府开敞大气，梁架精美，建筑工艺精湛，是桂北湘赣式民居的精品之作。

3. 莫府

莫府为三路三进三开间式的建筑组群，是在纵向三进院落形成一个单元的基础上，再横向进行三个单元的组合，每个单元共用一面山墙，相邻单元的天井设门相通，构成大家族聚居的平面空间。其中东路和中路的建筑平面与形制一致，西路则略有差别。

莫府三路建筑皆用凹入式大门，用门框等将明间分成三个部分，中间为入口，两侧用木板填塞装饰，使入口空间显得宽阔、高大，营造了高门大户的形象。门厅背面，有的设三组隔扇门，与二进堂屋明间的三组隔扇门相对；有的则不设，以开敞的形式面向一进天井。

莫府三路建筑的厅堂皆为一明两暗式，中间为厅，两侧各一间耳房。其中明间分成两类，一类在前后檐柱的位置设三组隔扇门，启闭皆宜；另一类为敞厅形式，前后都无隔扇门，向天井开放，仅在明间后金柱的位置设太师壁。

此外，莫府三路建筑的天井两侧都设厢房，厢房体量较小，进深较浅，通常作为厨房、库房等。厢房向天井挑出的屋檐，也是人们雨天穿行各个空间的避雨通道。

4. 五福堂

五福堂位于长岗岭村东北角，是长岗岭村的水口建筑，由村民集资修建。它是用于观戏的场所，始建于清道光年间，同治年间重修，光绪年间、民国年间、20世纪80年代均进行过维修。五福堂第一进为唱彩调、桂剧的戏台，于一层明间设通道进入。第二进为跳神、祭神的场所，大殿体量较大，内部空间开敞。中华人民共和国成立后，第二进建筑被改为生产队的仓库、小学校舍等，现为长岗岭村生态博物馆。第一进、第二进建筑间的天井两侧原有廊子看戏，现已毁。前后两栋建筑均用青砖砌筑。其中第一进为面阔三间两层的马头墙式硬山顶建筑，明间用插梁式木构架，并将前檐柱向两侧移动，以枋子与前金柱相连，形成一个向外撇的“八”字形空间，加大了明间的面阔，有利于对戏剧的欣赏。为了使前檐柱有横向拉牵，戏台还在明间后金柱前外侧各增加了一根落地柱，加强了梁架的稳定性；而次间就直接将檩条搁置在山墙上。第二进建筑面阔四间，屋顶是民国时期常用的四坡屋顶。右边第二间为明间，用插梁式木构架，其余次间用穿斗式木构架。

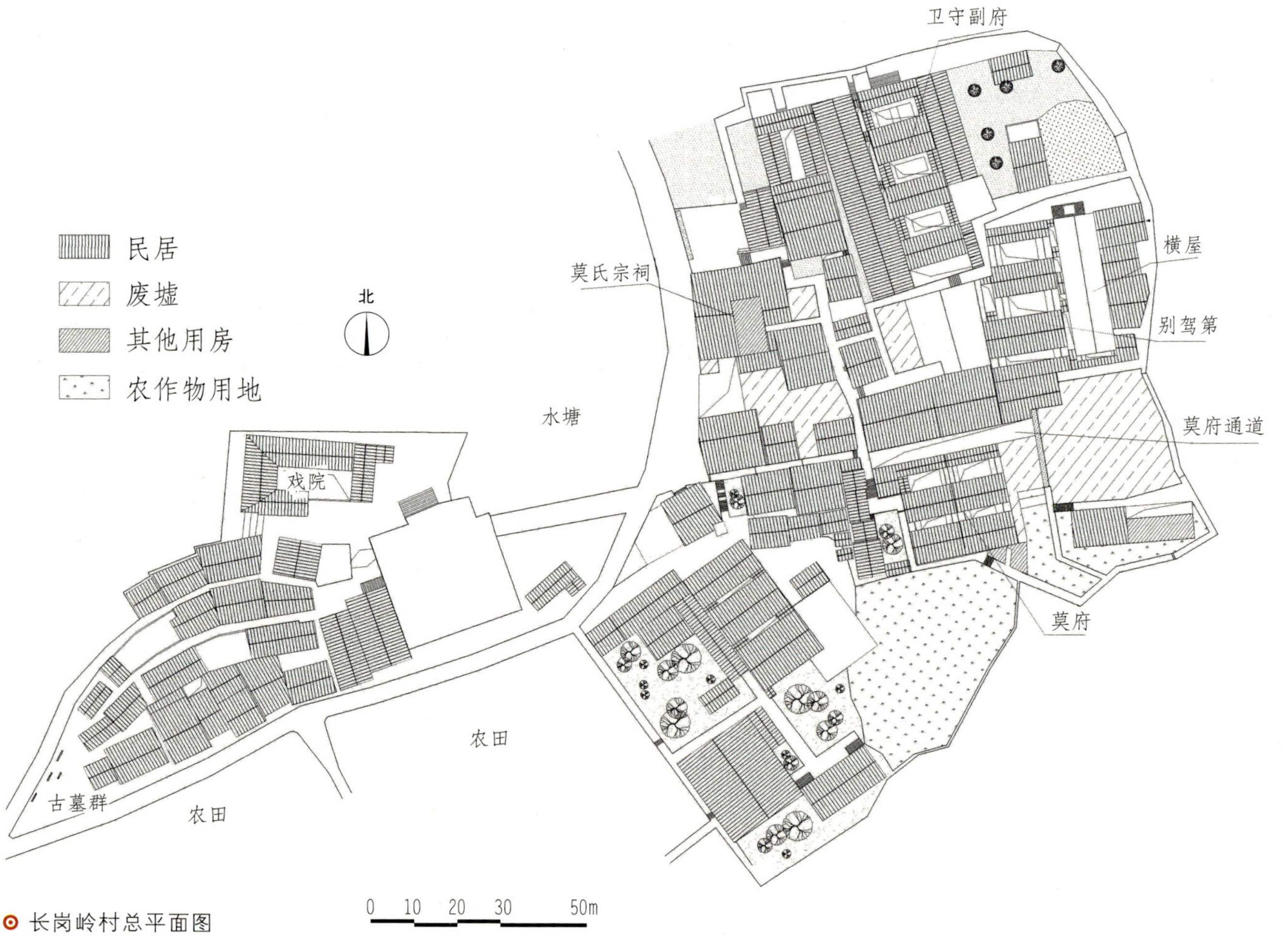

长岗岭村总平面图

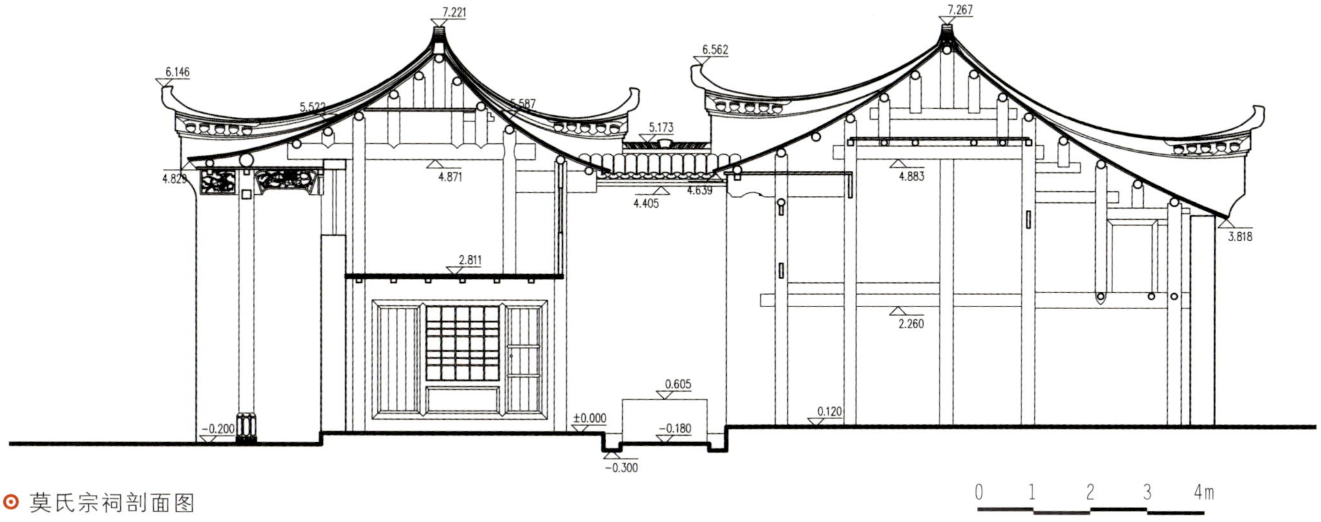

莫氏宗祠剖面图

莫氏宗祠

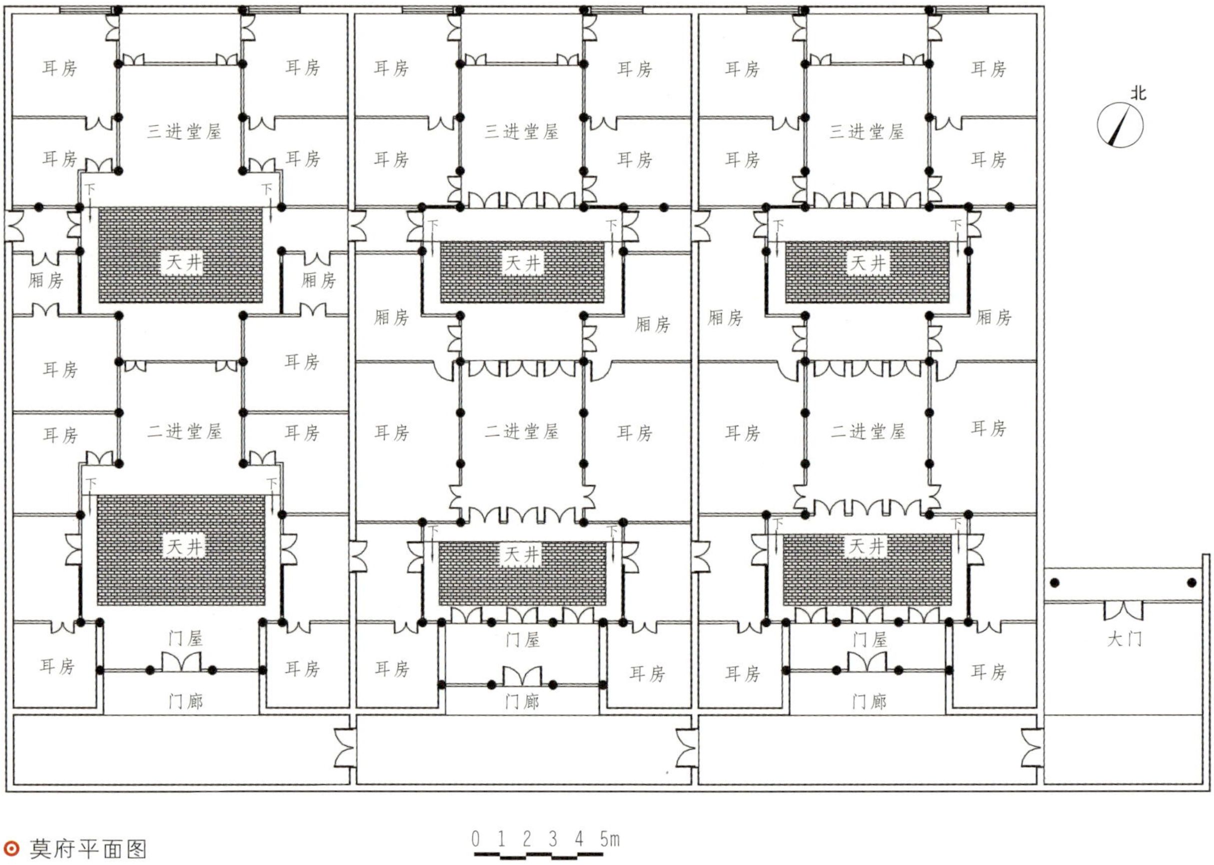

莫府平面图

莫府门楼

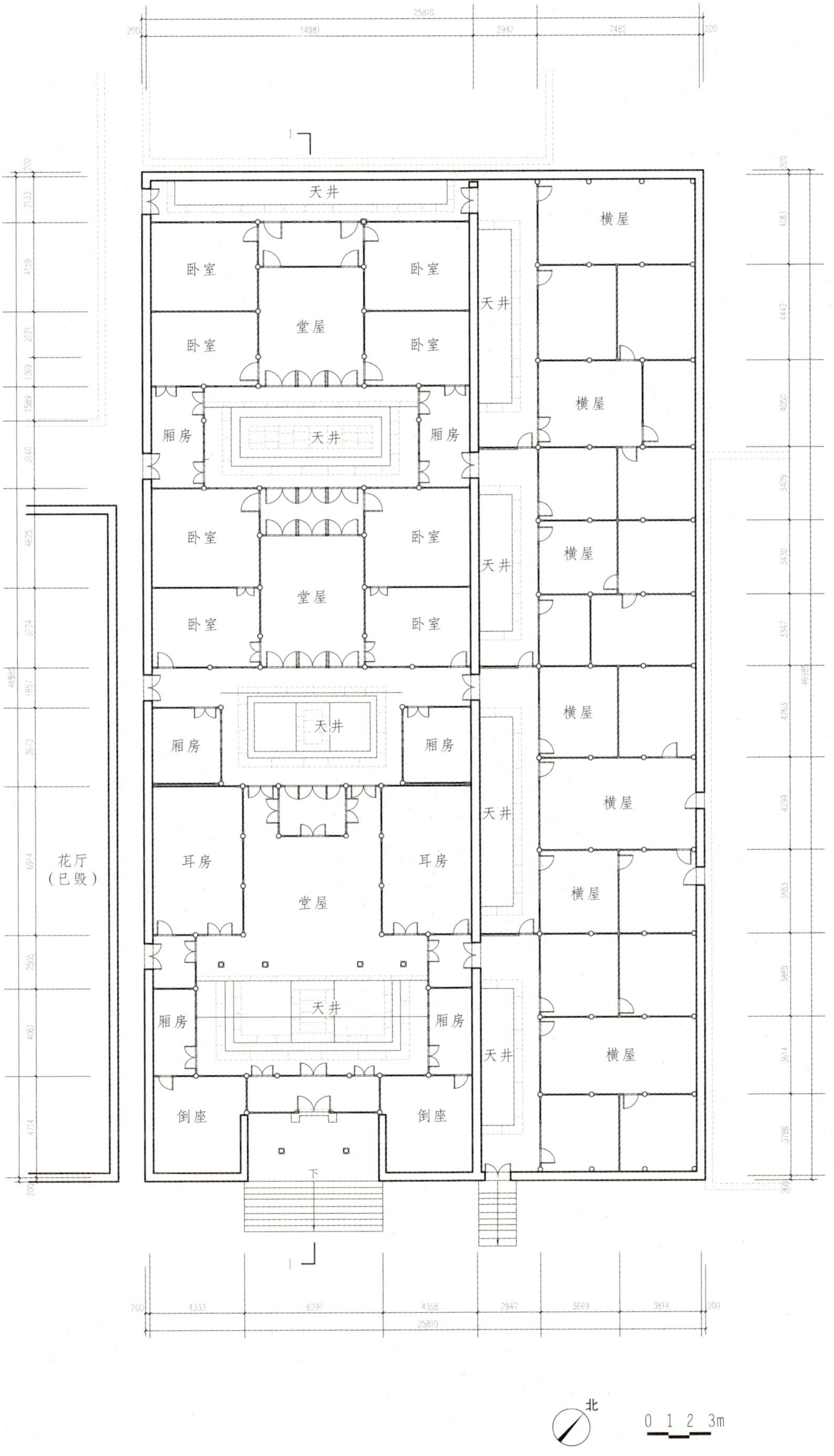

⊙ 卫守副府平面图(廖清智　绘)

俯瞰卫守副府

卫守副府辅房的山墙

卫守副府正厅的柱础

卫守副府正门

卫守副府正厅的柱础

卫守副府正厅的柱础

卫守副府正厅的柱础

从卫守副府正厅看门厅背面

⊙ 卫守副府第三进天井

⊙ 别驾第

生态博物馆

古道边的路亭

民居的马头墙

民居天井

民居天井

民居堂屋

民居堂屋

民居的花窗

民居的花窗

神龛

江头村

一、村落概况

江头村位于桂林市灵川县九屋镇，地处甘棠江西畔，距桂林市30多千米。该村占地约900亩（约60万平方米），现有180户，700余人，90%以上居民姓周，为中国北宋著名哲学家、理学创始人周敦颐的后裔的繁衍生息之地。据民国十八年（1929）的《灵川县志》记载，江头村“周氏系出濂溪德盛者”（濂溪是周敦颐的家乡）。周氏始迁祖周秀望于明朝洪武戊申年（1368）从湖南道州宦游粤西，进入广西桂林，迄今已有600多年历史。

明清以来，尤其是清乾隆以来，江头村大兴教育，办义学，设私塾，教导周氏子弟。自此后，周姓荣耀显达，科第联翩，出现了“父子进士”“父子庶吉士”“父子翰林”的科举奇迹。据相关统计，当时江头村的周姓共出秀才200人、举人31人、进士8人、庶吉士7人。出仕为官者有200多人，其中五品以上官员就达37人，受皇廷诰封或封赠的人员有上百人。更有三代庶吉士，四代五举人，五代知县等。因此，江头村素有“才子村”和“百年清官村”之誉，是中国传统社会耕读传家文化的真实写照和典型代表。

二、村落形态

江头村坐落于甘棠江上游的护龙河畔。村落三面环山：北有黄家坡，西有五指界，南有九仙山。它们均属越城岭支脉，海拔均在800米以上。村落整体坐西朝东，西边种植茂盛的风水林，涵养水土，抵御寒风；东面开阔、平坦，有护龙河、龙颈河、东江河蜿蜒流过，灌溉百顷良田；东面远方有笔架山、玉印山作为案山、朝山；东北方向有将军山，东南方向有仙人山，为左右砂山，回环围护。此外，村落由近及远分布着护龙河、两江河、东江河这“三重玉带水”，在提供充足的生产、生活用水的同时，构建出枕山、环水、面屏的良好景观格局。这样的选址和布局，使村落不但拥有充足的阳光、丰沛的水源，还可获得和煦的风、肥沃的土地，在相对安全、舒适的环境中耕读传家、繁衍生息。

水口是传统村落景观格局营造的又一重点。《葬经翼·水口篇》曾述：“夫水口者，一方众水所总出处也。……盖局之大小，山之贵贱，咸于是乎别也。……盖水口乃地之门户。”江头村村口，既是村落的起点，也是重要的精神文化空间。在此，除了有参天大树外，还建有锁水口、兴文风的护龙桥，以及牌坊、惜字炉等，寄托了村民们科举及第的美好愿望，也有教化村民勤奋向学、忠贞不二的含义，同时还有障空补缺、塑造理想景观的作用。村口西侧设江头村的宗祠——爱莲家祠。爱莲家祠既是祭拜祖先、敦宗穆族之地，也是村中子弟读书求学之处，更是江头村文脉传承之所。他们以周敦颐的《爱莲说》为主旨，以爱莲家祠为物质载体，创造出“江头爱莲文化”，秉承先祖之学，教化子孙，“出仕为官，官清吏瘦”。

江头村有四条鹅卵石铺就的古街巷。其中秀才巷、举人路为东西走向的巷道，进士街、迷宫巷为南北走向的巷道，将村落分成若干个居住组团。村子中后部的民居相对布局灵活，无明显的轴线及对位关系。秀才巷、举人路、进士街比较直，举人路后面的迷宫巷则呈“之”字形布局，曲折多变，临巷的建筑也顺地形布置，形态各异，形成复杂多变的空间效果。巷道的路面用鹅卵石铺出太极图、葫芦图，以及鱼跃龙门、莲花等图案，蕴含着江头村人对美好生活的向往。

江头村目前遗存的明、清时期的古民居共有100余座，一般高6—8米，多为三间一进和三间两进的单层地居四合院，但也有三间四进的大宅院（如按察使府第等）。院落整体规整，上下屋相连通，左右邻相衔接。民居以青砖砌筑，使用硬山顶、小青瓦，外观内敛、雅致。民居山墙丰富多彩，有三阶式、五阶式马头墙，还有弧度和缓的猫儿山墙，以及朴素大方的“人”字山墙、“金”字山墙等，高低错落，相映成趣，构成村落优美的天际线。

秀才巷、举人路、进士街沿路多是保存较好的宅院，以长不过200米的进士街为例，街上就有7座大宅院相连。大宅门厅入口处悬挂着诸如“通奉大夫”“进士”“解元”等牌匾，体现了古代江头村浓厚的科举文化气息。

三、建筑特色

1. 祠堂

爱莲家祠是江头村周氏的宗祠，是祠塾合一的代表，集敬祖修身为一体。该祠始建于清光绪八年（1882），今仅余一路两进五开间，是桂北地区唯一的一座五开间的祠堂，规制超越了仪典中对庶民祠堂的规定。祠堂在南北中轴线上的布局依次为门厅（大门楼）、天井、中厅（兴宗门）、大天井、上厅（文渊楼）、半天井。

爱莲家祠的门厅（大门楼）面阔五间，进深三间，猫耳硬山顶。门厅采用屋宇式大门形制，运用中柱启三门的高规制，使其等级相当于《清会典》中的亲王府大门。此外，门厅的三个门都是用仪门形式，安装于脊檩之下。明间使用四颗门簪，次间使用两颗门簪。这些都超越了《清会典》对一般祠堂的规定，是逾制的做法。逾制的做法之所以会出现，一方面是因为清末内忧外患，清政府自顾不暇；另一方面是因为灵川地处偏远，远离皇城。这两个原因使得爱莲家祠的逾制做法似乎可以理解。但从广西现今遗存的祠堂来看，这种大胆的、远超规格的逾制做法尚属首例。

门厅的木构架采用穿斗式，但穿枋使用圆作梁形式。中柱与檐柱间不设轩棚或天花，直接将木屋架暴露，仅在挑檐部分用素平木板天花。天花施以蓝色，显示出清朝末年、民国初年的手法习惯。檐枋为圆枋形式，枋底饰以花草，其中后檐柱的檐枋之上设镂花板进行装饰。

中厅（兴宗门）面阔五间，进深三间，硬山屋顶，台基顺应地形抬高约1.5米。中厅的柱网布局、开门方式、木构架、装饰等与门厅类似。不同之处在于，明间不再使用四颗门簪，改用两颗。前檐枋也如门厅的后檐枋一样，其上置镂空花板。两侧塾房则做厨房之用。

上厅（文渊楼）面阔五间，进深四间十四架；高两层，下层为寝堂，上层则是周氏子弟和附近生员读书的书塾，左右设木梯通达。正厅前设左右厢房，亦高两层，采用非常有特色的文字隔扇窗户，突出“诗书传家”的氛围。正厅后设半天井，增加了正厅的通风和采光，为周氏子弟读书创造了良好的环境。梁架依然采用穿斗式木构架，用通柱。为了增强横向梁架间的拉牵，每条檩下都有随檩枋。其中脊檩的随檩枋尤大，并在其下再设一道牵枋，加强联系。正厅的装饰主要体现在窗户及栏杆上，其中最具特色的是它的木栏杆。在一层栏杆上约20厘米的位置，再设一道形制相似，但高仅有20厘米的小型栏杆栏板，使正厅的正立面变得独特，并与门厅、中厅檐枋上的花板相呼应。

爱莲家祠的彩绘颜色也有讲究，其柱、梁、枋均着黑色，象征淤泥；四壁、楼面、窗棂着红色，象征莲花。以这种色彩的搭配突显爱莲的主题，也是对先祖周敦颐名文《爱莲说》的诠释。此外，爱莲家祠的窗格共有五十多扇，均以木条拼成篆体文字进行装饰，有“循理”“慎言”“亲贤”“敏事”“老幼”等，体现了儒家文化的精神内核，也反映了村民们对于周敦颐开创的宋明理学的尊崇。

2. 民居

按察使府第是江头村人周培正的故居。周培正是乾隆三十一年（1766）的贡生，历任浙江衢州府常山县、四川梁山县知县。在任期间，政务求实，操守清廉，后晋升直隶按察使，并受赠“文林郎”匾，诰封“通奉大夫”。

按察使府第始建于清乾隆年间，为典型的三开间四进地居合院式，严格按轴线纵向布局。大门位于建筑的东北角，外墙内凹1.7米，形成门斗。门斗上设木梁，上部以连接构件支撑屋顶，下部设雀替与砖墙相连。其上均有精美的木构雕花，并施以红、蓝等色。大门旁设有倒座，再侧为耳房。第一进天井单侧设厢房，使天井更为宽阔，改善了第二座厅堂的通风和采光。第二座厅堂为一明两暗式，正中为堂屋，两侧设耳房各两间。明间面阔约4.5米，其内的太师壁上设神龛，太师壁后的倒堂空间隔出一间小房。明间、次间均采用五柱落地穿斗式木构架，墙体不承重，仅起到围合作用。构架前后的檐柱与金柱之间设一瓜柱为二架梁，其余落地柱之间均设二瓜柱，形成三架梁。第二、第三进堂屋格局相似，顺地势逐渐抬高，均采用五柱落地穿斗式木构架，柱间均设二瓜柱。在天井东侧均设偏门，与巷道相通。第二进天井体量较大，堂屋上挂有“文林郎”牌匾。第四进院落天井狭长，西面设一间小偏屋。最后一进厅堂地坪抬高1米，内部未做墙面分隔；开间约12米，进深约4米，二柱七架梁，原应为家庭的后勤用房。

该建筑外墙以青砖砌筑，门屋及前两进厅堂为“人”字屋面，第四进采用五阶式马头墙，最后以一单坡屋顶作为结束。整个建筑形体优美，山墙起翘高挑。建筑内部的门窗木雕精美，图案丰富，保存完好。

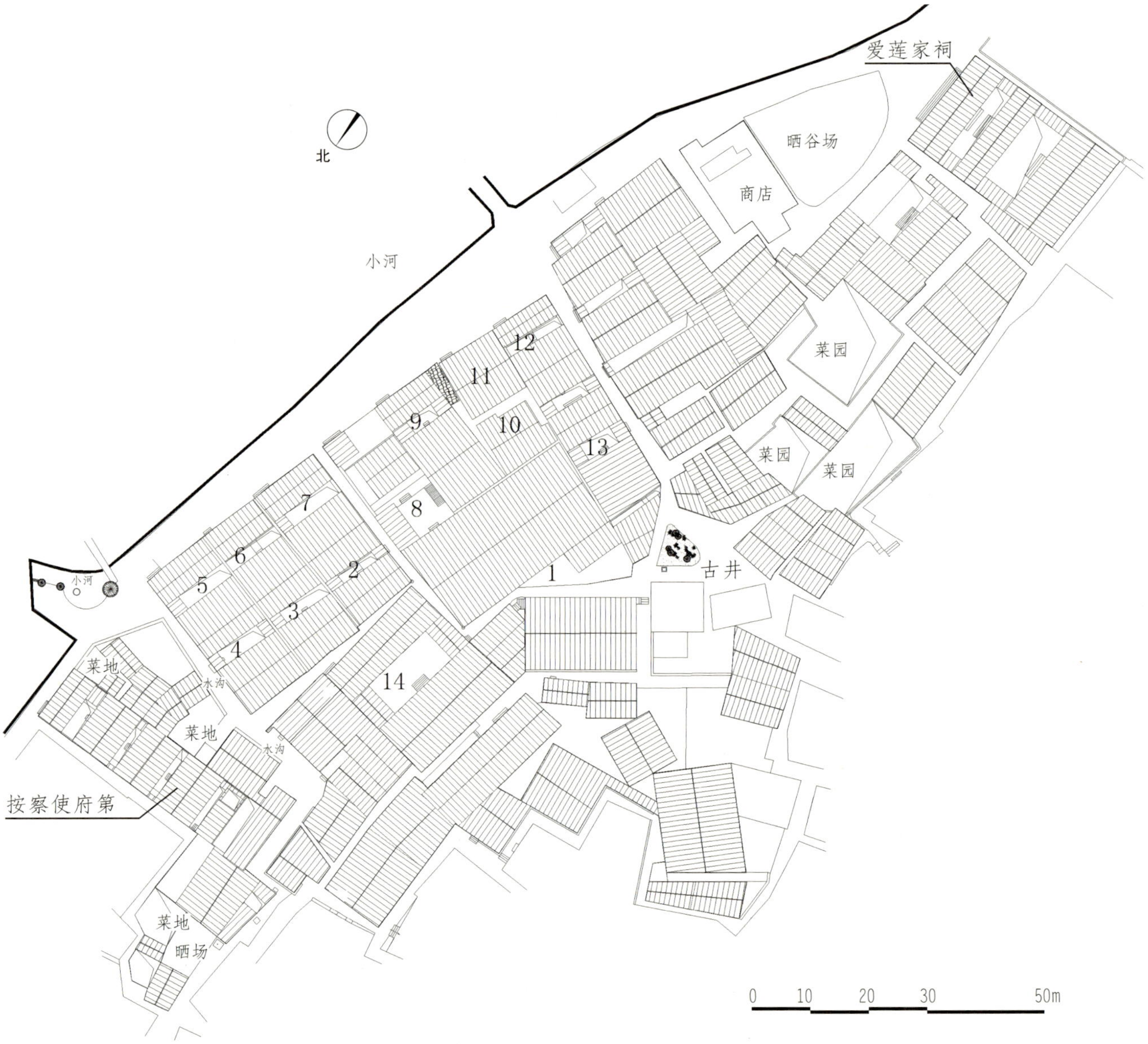

⊙ 江头村总平面图

1. 礼堂(一层建筑)
2. 知县宅(两层建筑)
3. 大夫宅(两层建筑)
4. 知县宅(两层建筑)
5. 大夫宅(两层建筑)
6. 知县宅(两层建筑)
7. 进士第(两层建筑)
8. "德高望重"宅(两层建筑)
9. 同知宅(两层建筑)
10. 知州宅(一层建筑)
11. 知州宅(两层建筑)
12. 解元第(两层建筑)
13. 知州宅(两层建筑)
14. 布政使宅(两层建筑)

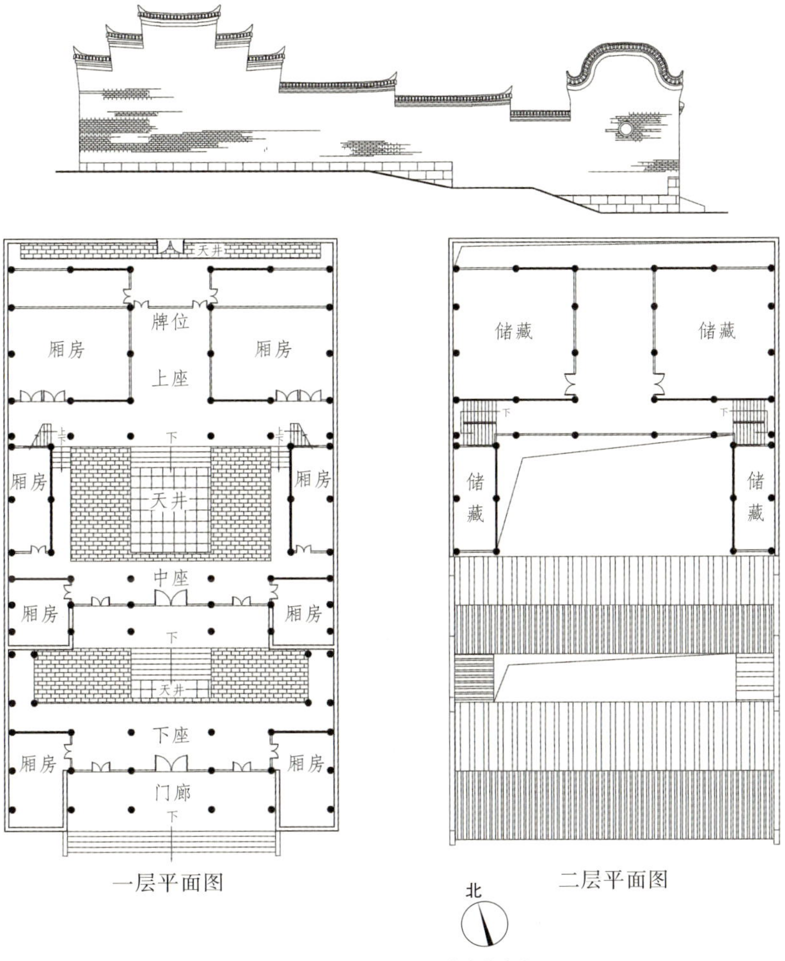

爱莲家祠侧立面图、平面图

爱莲家祠

临河的民居

大吉福壽雙全家富貴

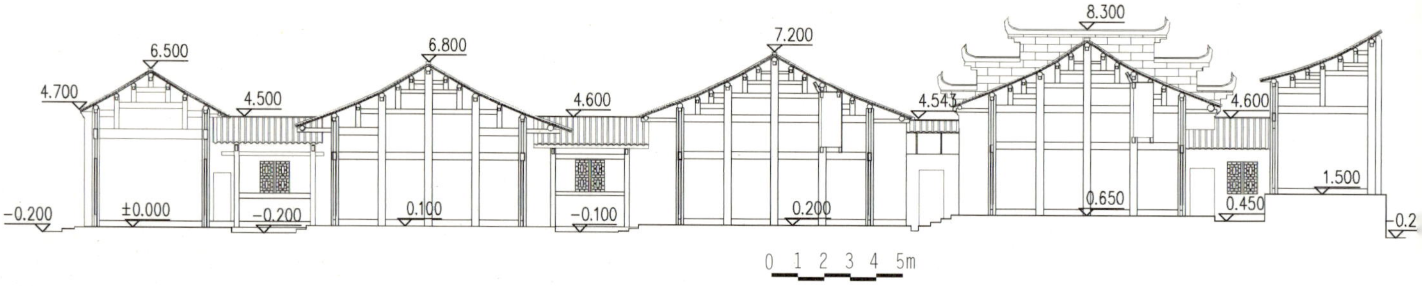

按察使府第剖面图

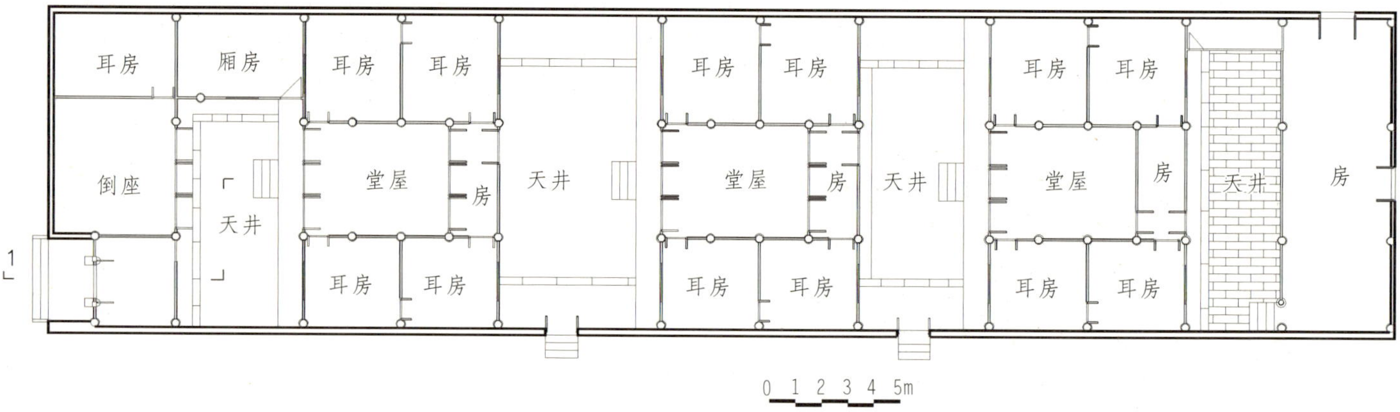

按察使府第平面示意图

按察使府第的门楼

中宪第的隔扇门

中宪第的漏花窗

解元第的门楼

⊙ 奉政大夫宅

⊙ 进士第

⊙ 太史第的门楼

德高望重
慈善可风
四季平安
爱莲文化深
江头古居秀
青狮潭镇江头洲村
党员活动中心
计生协会活动室
老人协会

周泽润宅

四季平安
江头古居秀
青狮潭镇江头洲村
党员活动中心
计生协会活动室
老人协会

周泽润宅

人字山墙的三合院民居

民居门楼及天井

民居石阶

民居山墙

巷道

晒谷

惜字炉与护龙桥

惜字炉与护龙桥

四龙桥

金钱井

朗山村

一、村落概况

朗山村位于桂林市恭城瑶族自治县莲花镇，距桂林市区约104千米，因背倚朗山而得名。朗山村始建于清光绪八年至九年（1882—1883），现有村民200余户，900余人，大多为瑶族。其中周姓人家约占总人口的一半，其余还有石、覃、黄诸姓。朗山村由周家的先辈兴建。周氏先祖在明朝初年从湖南迁移至此处。入迁恭城的始祖是“弘历公”，据说也是恭城所有周姓人家的祖先。周氏先祖最初迁移到恭城的栗木镇上宅村，后迁入今朗山村。

朗山村现存的古民居为村民周国祯六兄弟在清光绪八年（1882）所建，原有8座宅院，现保存较好的有5座。建筑为青砖瓦面、硬山双坡顶的三开间多进地居合院式宅子。其建筑精美，布局独特，保护得也相对完整。

二、村落形态

1. 选址

朗山村背倚朗山，面朝坪江河。整个村落坐西朝东，背山依水，山环水抱。朗山高约70米，植被丰富，村落周边有较好的自然生态环境。全村依山体北麓缓坡而上，地势相对平坦。村中山背泉眼之处，本来有一处竹园。民国时期任广西大学校长的马君武曾为竹园赋诗、题字，现已损毁。

朗山村的水系设计得颇为精妙。该水系沿着朗山东麓，引龙眼泉的井水，自东向西穿过各宅院后部的厨房，为每家每户提供了甘冽的生活用水。

朗山村原有一座周家宗祠——庐山祠，位于村落北部。1958年“大炼钢铁”时将祠堂中的蟠龙柱和大梁都拆下炼钢，致使祠堂难抵风雨侵袭，最终完全倒塌。

宗祠以南，朗山村的古民居群沿着朗山东麓线性展开，长约200米，进深约100米。

2. 村口景观

朗山村村口位于朗山山麓，距离朗山村古民居群约百米。前有蜿蜒的流水（原溪流宽3米左右，今水量减少，缩减为小沟渠），背靠青翠葱郁的朗山。为锁水口，岸边建有一座单层两开间的硬山顶门楼。门楼左侧间在脊檩前侧约千金柱的位置建门墙，当中开石门框门洞，门扇已毁。门楼右侧间对外不设门，仅于正面开一扇圆形窗，通过拱门与左侧间相连。因此，门楼整体形如一座民间小庙。

过了门楼，顺坡而上约5米处，有一座惜字炉。惜字炉建于清光绪十二年（1886），为周家祖先考上庠生后修建。该炉为古塔式建筑，分三层，六角形。第一层焚烧书稿；第二层供奉文曲星牌位；第三层传言曾放着一颗明珠，用于镇压水妖。惜字炉的顶端有一个葫芦，葫芦谐音“福禄”“护禄”，是福禄吉祥、健康长寿、和谐美满的象征。对朗山村人来说，惜字炉除了兴文、祈福和风水作用以外，还起到教化和激励的作用。村民都以会书写文字为荣。据村中老人回忆，早在古代，朗山村中的妇女都会识字，并教导孩子：写过字的纸一定要放入惜字炉中敬天焚烧，不能随意丢弃污损。由此形成了良好的重学惜字的风俗。这是朗山村人崇尚文化、重视教育的例证。

3. 规划布局上的防御性特点

朗山村古民居群与村落中的其他住宅界线分明，最外围以一层库房作为壁墙与外部相隔，通过群落端部、中部与尾部的九个大门（现存三个）与村落的公共道路相连。内部巷道空间层次丰富，壁墙与建筑之间为曲折多变的纵向主巷道。群落内各户独门独院，以多进院落的形式横向排列；户与户之间为横向的支弄，并在每户的天井处以侧门和支弄相连；横纵巷道之间再设大门相互联系。如此就形成了“纵向主巷道—门—横向支弄—侧门—单体建筑内部”这种空间层次。这种规划形式使户与户之间可分可合，既可联防御敌，也形成了从私密空间到公共空间的丰富层次。在街巷的中部设有多个形态各异的过街楼（门），有的高度较高，具有瞭望防御之用。过街楼的窗户造型丰富，有矩形、扇形、圆形等。过街楼的设置，丰富了街巷空间的层次，也形成了古民居群丰富的建筑轮廓。

三、建筑特色

朗山村是瑶族聚居村，但民居建筑基本汉化，具有湘赣式民居的特点。该村的民宅均为面阔三间、进深二进或三进的四合天井型宅院，顺山地逐级抬高，每一进之间高差从0.6米到1米不等，与平地合院式民居有显著不同。朗山村古民居基本为二层，有的达到三层；建筑总高度为6—10米，面宽一般为12—16米。宅院由东至西的中轴线上排列着门屋、主楼和厨房，之间为天井。天井两侧有的是一层的厢房，有的是两层的厢房。若为两层的厢房，其上层会与一、二进厅堂相连，形成跑马楼式的可回环空间。

朗山村民居屋顶坡度较大，在立面占的比重较大，一般可达到立面高度的三分之一。因地势逐级升高，建筑层数较多，朗山古民居与平地民居相比，体量明显较大，并形成前低后高的建筑轮廓，颇具气势。

此外，为保证南北方向的通风，朗山村建筑的四个立面上都开有窗户，特别是山墙面的一、二层都对外开窗。这在湘赣系的汉族民居中是罕见的，显示了朗山村瑶族民居虽受当地汉族建筑的影响，但也在一定程度上保留了少数民族建筑的相对开放性。朗山村古民居的门窗造型异常丰富，有矩形、扇形、圆形等。部分窗户上设有灰雕窗套和瓦砌的披檐，披檐两角微微起翘，兼有挡雨和装饰的作用。不少门窗上部采用砖砌半圆形拱券过梁，造型独特，并连成整体。

朗山民居的正立面檐口设计上也极富特点，多采用檐下装饰或设卷棚式吊顶构造，使得原先强硬的立面轮廓通过各种细部装饰，得到了弱化和细化。墙面采用青砖或红砖砌筑，仅在檐口、山墙轮廓处，以及门套、窗套处采用白色粉饰。

在建筑艺术上，朗山村有精美的彩画、石雕和木雕艺术。彩画根据其位置可分为门楣彩画、窗楣彩画、墙头彩画、檐口彩画。朗山彩画纹饰的总体特征是纹饰纤细，颜色淡雅。彩画的主题多为山水、花鸟、诗词文赋。古民居中的木雕十分精美，数量众多。不少木雕还上了色漆，并施以金粉，虽年代久远，但保存较为完好。

朗山村古民居群北向紧邻入口门楼的2号住宅，在平面与空间布局上极富特色。该建筑为整个古民居群的前导空间，其设置极富变化：从偏于一侧的二层门楼进入，再经过前院大门的曲折巷道，进入主体住宅；三个大门均错位布置，保证了空间的私密。入口巷道的墙壁上端布满了精美的彩绘。

该住宅平面规整，形体高大。宽约16米，进深约27米，高约10米。为三开间二进院落，依地势逐级升高。第一进入口为门楼，高度约6.7米。大门处墙体内凹，形成门斗式入口空间，入口处的屋顶檐部设蓝色卷棚造型的木构吊顶。门厅中间为过厅，两侧为耳房，墙体端部均施以精美的淡色彩绘。一进天井两侧为厢房，天井正对正房。正房一层明间为堂屋，放香火台，两侧是耳房。穿过堂屋，后为一较窄的横向天井，其后是厨房和牲口圈（似为后期加建）。后天井主要是为解决正房与厨房屋面的排水而设。

2号住宅的主体建筑皆为二层，耳房、厢房、堂屋的高度各不相同。堂屋层高较高，其中一层高3.8米，二层至屋顶最高处约5.5米。因为一层堂屋正面较封闭，以砖墙为主，因此二层楼板正中开有2米×2米的洞口，四周以木质栏杆围绕，满足一层堂屋的采光。堂屋两侧的耳房高度较矮，一层层高仅2.6米。堂屋背后设楼梯间，通往二楼。天井两侧的厢房高度也较矮，二层层高均约3米。因此一进院落形成了“中间高两边矮”的空间格局。

2号住宅与广西常见的木构穿斗式结构不同，它采用的是硬山搁檩的结构体系，整栋建筑内部不设木柱。横向墙体上设木构檩条，上铺椽子及灰瓦。檩条下设木梁，与横墙相连；或在一层顶部设木梁，上铺木板，形成楼面。

2号住宅的屋顶形式采用马头墙和“金”字山墙结合。为保证一、二层房间的采光和通风，山墙面（南北面）均开设了窗户。建筑内部主要门窗、栏杆均为木构，雕刻极其精美，在屋顶檐部也设有精美的木雕挂落。

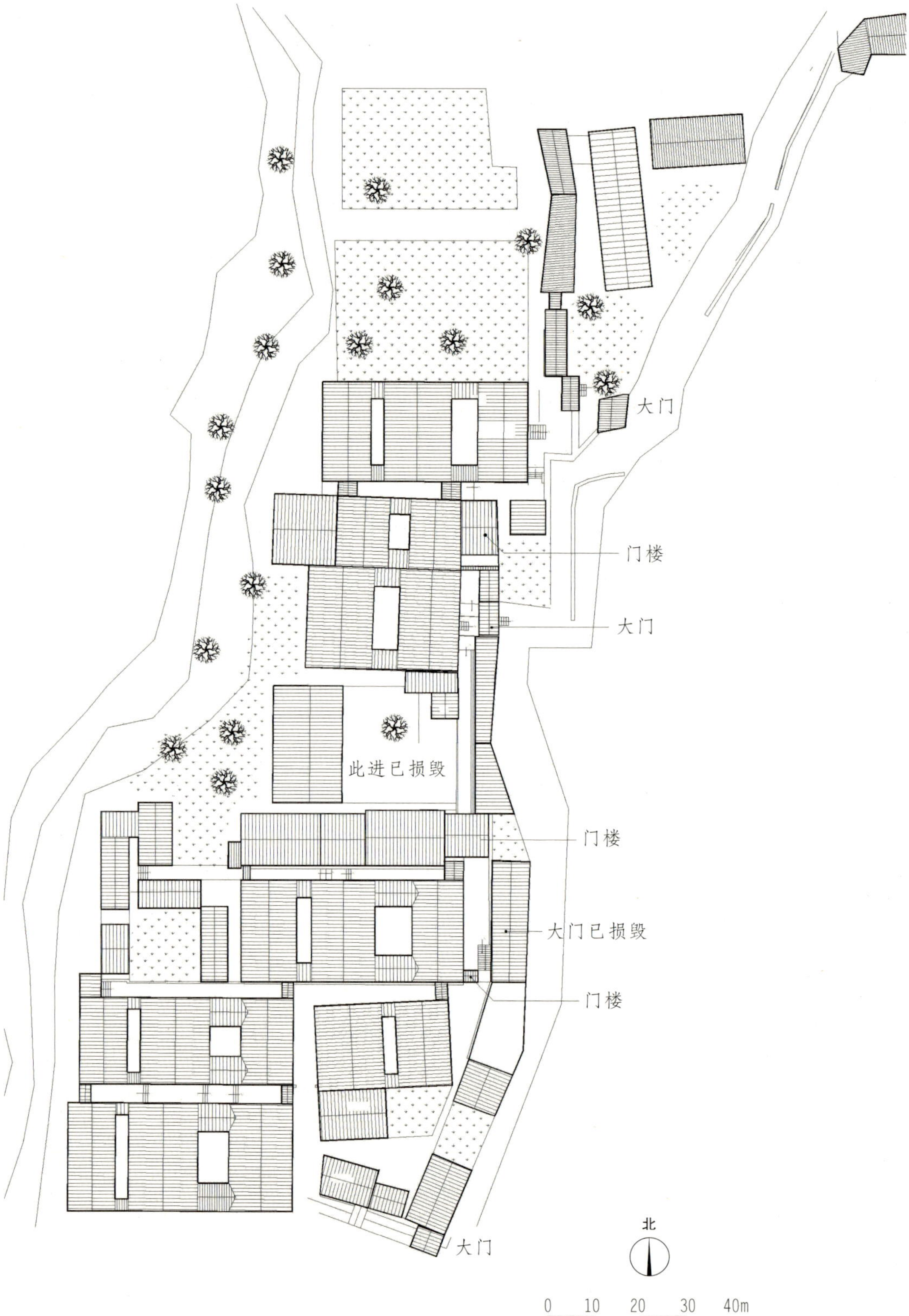

朗山村现存古民居建筑群平面图

门楼

门楼

门楼

门楼

巷道中部的门楼

惜字炉

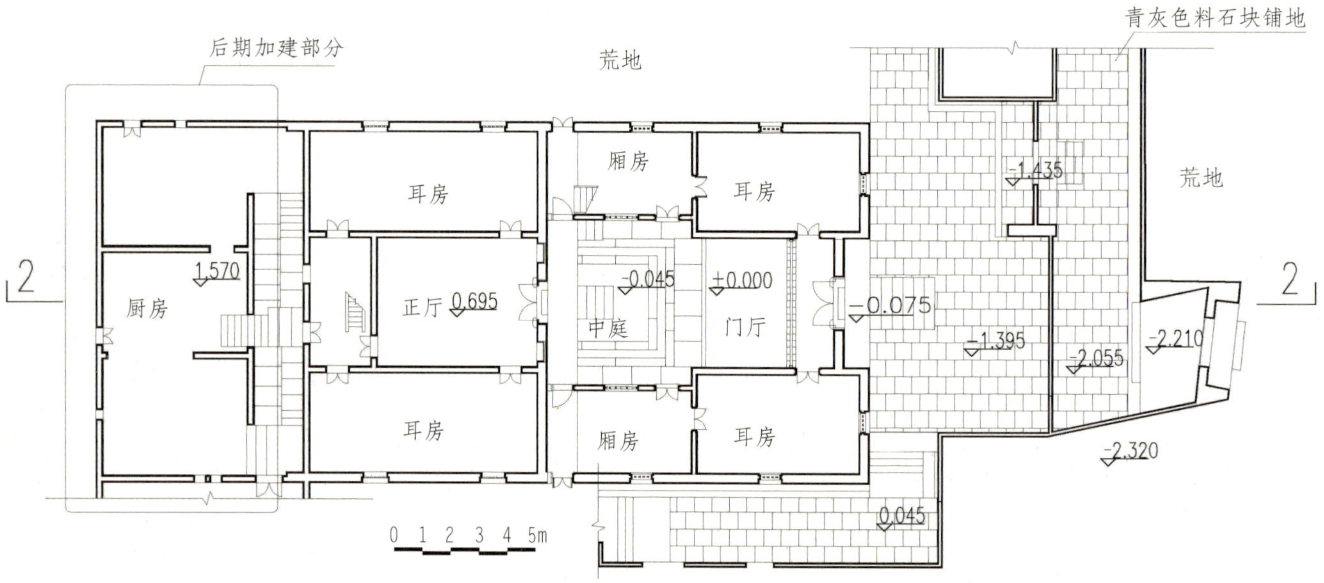

朗山村 2 号住宅一层平面示意图

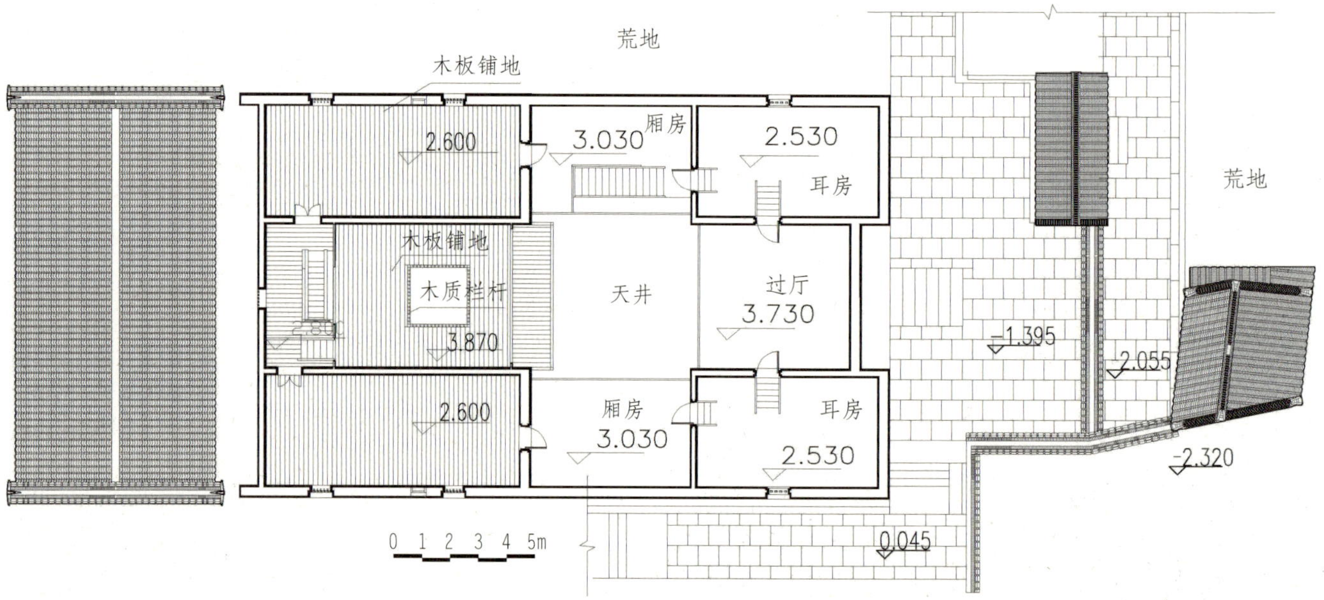

朗山村 2 号住宅二层平面示意图

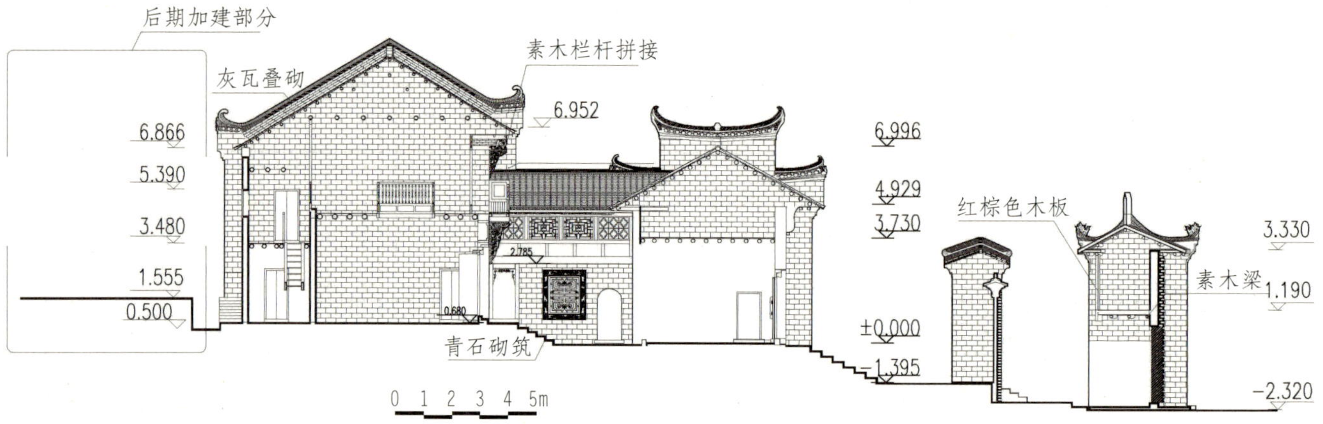

朗山村 2 号住宅剖面图

朗山村 2 号住宅的山墙

朗山村 2 号住宅的内院

民居

民居山墙

民居门厅正面

民居门厅背面

民居的正厅及天井

民居的正厅及天井

民居的正厅及天井

民居的厢房

民居的辅房

⊙ 巷道

月岭村

一、村落概况

月岭村位于桂林市灌阳县县城东北面24千米的文市镇东南，距文市镇1.5千米。现有470多户人家，1500多人，总面积约4平方千米。全村一脉一姓，全部姓唐。唐氏先祖原籍在山东，唐朝末年领兵到湖南平定暴乱，升任永州总镇，其子孙留居永州府湾复村。南宋末年，因避兵乱，湾复村唐氏的一支迁到灌阳县月岭村，至今传至28代，已有760多年的历史。清朝初年，月岭唐氏家族日益兴盛，建房买地，大兴土木，至今保留着较为完整的传统建筑，如六大院堂、文昌阁、节孝坊、催官塔、将军庙等。月岭村后山环境优美，有“步月仙桥”“步月岩”等自然景观。月岭村还有着以桂剧为代表的历史文化传统民俗。

二、村落形态

月岭村的格局受中国传统风水学和宗族观念的影响较深。相比桂林地区的其他古村落，其景观格局保存相对完整。月岭村位于广西和湖南交界处，在山脉夹峙之中的一片丘陵平原地带。西靠栾角山（猫儿山与对子山合称栾角山），三面有山岭护卫；东面为农田沃野，地势平坦，以一条主要道路与文市镇相连。村落前部道路的南北两侧各有一座小山为阙，分别设有“催官塔”和“文锦塔”（后者现已不存）。在村北部建有三层楼阁（文昌阁）、单檐歇山顶亭（步月亭）、石牌坊（节孝坊）。这些建筑既满足了风水要求，又成为村落入口的标志，并起到空间控制点的作用。

月岭村村落布局规划和历代营建中都充分考虑了防御的问题。村落选址背靠栾角山，三面山岭环抱，据险可守。村前曾砌筑高墙与后山合围，墙外深挖壕沟。村口设有一处大门与村外主要道路相连。砌筑的高墙将村中建筑及一定面积的良田围护其中，保证了村落的安全，也使危急时刻所需的口粮得到保障。如今高墙虽已不存，但仍残留一块石墙基。村中道路宽度不大，交叉路口多为“Y”形或“U”形，宁曲不直，便于抵御入侵的外敌。村中各大院堂建筑周围砌筑高墙，设置院门三重，从村内的道路到达正屋庭院还需要经过多重空间。后山筑有暗道，并连通岩洞，可供逃逸和躲藏。此防御工事建于清代道光至咸丰年间，依靠着村旁的白驹岩。主洞深500多米，暗道直通村后的山顶。山顶上建有一座方形炮楼，居高临下，扼守住村子唯一的通道。

月岭村水系的建立是农耕和日常生活的必要保证。月岭村的水系由井、塘、沟渠组成。村前的水渠由南向北汇入白驹岩，用于村前农田的灌溉。月岭村地下水丰富，村落内部各大院均有水井、鱼塘或水池，满足了日常生活用水和防火用水的需要。除了六大院堂的“天一井”“洞宾井”“太极井”等多个水井之外，在村南将军庙边还有供全村使用的公共水井“上井”。此外，各大院堂均有排水设施，可将建筑中的生活污水及雨水排入村中两条沿路的排水沟内，然后流入低洼之地，灌溉耕地，或排入白驹岩的地下河流，进入灌江。

月岭村古民居的主要建筑是被人们誉为“小故宫”的“六大院堂”。这是清代道光年间该村的唐虞琮为其六个儿子修建的，依其子的年龄顺序取名为“萃德堂”“宏远堂”“继美堂”“多福堂”“文明堂”“锡嘏堂”。

六组院堂围绕村落中心，毗连而建，但各院堂朝向及入口位置各不相同，设置较为灵活。每个院堂由少则八九座、多则十几座建筑群组成，基本单元为面阔三开间的合院式住宅，一般沿轴线呈南北三进院落纵向布置。部分院堂建筑横向东西并置，中间以院落、巷道相隔；或设有排屋，以横向天井相连，结构清晰。六大院堂中，每个院堂建筑群入口都设有照壁、门楼（萃德堂、多福堂保留完好）。以中进院落为主要居住用房，内设有两层高的主房。主房两边为一层的厢房，主房前设回廊，回廊围合形成天井。前进院落是门楼、天井和大堂，后院有小堂、天井。院堂内多设水井、鱼塘、粮仓、祠堂、书房、戏台和花园。现今六大院堂除宏远堂外均保存较为完好。其中的多福堂规模较大，院落布局最为规整严谨。

邵夫公祠（桂剧院）位于“锡嘏堂”正堂前，原是月岭村的总祠堂，是从事祭祀、家族议事等活动的公共场所。至今其内部还保存着一座完好的戏台，如今作为桂剧院仍在使用。

三、建筑特色

1. 多福堂

多福堂是月岭村保存最完整的大宅院，是唐虞琮为其四子唐世模所建。整个院堂由10栋主房组成，内设“天一井”和书房，占地约10000平方米。

从村内的道路可到达多福堂入口大门，门前设照壁。大门正面五开间，中间为门洞，两边为耳房。耳房的墙体向外倾斜，呈“八”字形。大门采用穿斗式木构架，在其大门朝内一侧的顶棚设置了弧形的吊顶天花。大门后为一个狭长形的封闭空间，设有一座门楼，抬高约9米。门楼上写有“德萃重荣”四字，檐口施以精美的雕刻。门楼后依次排列着多福堂的主体建筑——199号宅、159号宅、160号宅等。门楼与主体建筑之间形成约3.8米宽的前巷空间。

多福堂现今保存较完整的是199号宅，以及右向与之并列的159号宅、160号宅。这三栋建筑体量都较大。199号宅虽仅为一进院落，但主体部分面阔五开间。其入口大门气势雄伟，宽约5.6米，高约3.7米，内凹2.6米，采用八字门廊。门前设两根木柱，其上设梁，与屋顶相连，梁上设有雀替。厅堂宽约5.5米，高约7米，空间较为高敞。主体建筑旁设有纵向排屋，为厨房、杂物间等附属用房，有门与主体建筑相连，并设有一个小天井。

159号宅也为主体建筑加附属建筑的平面格局，均为二进院落。主体建筑面阔五开间，大门位于中部；入口设门罩，上有植物图案的精美灰雕。内部一进、二进院落布局相似，均设有厅堂、耳房、厢房。但二进院落规模较大，且依地势逐级抬高。附属建筑高度较低，大门位于一侧；仍设门罩，门罩上部起翘舒展。附属建筑内部第一进无堂屋，仅在左侧设两个厢房，并有一个小天井与主体建筑相连。最后一进犹如旋转了90度，堂屋设在右侧，有门与主体建筑相连。此进院落房间设有夹层，有楼梯可上内部。

第三栋建筑160号宅面阔五开间，约13米，二进院落，形制与前两栋基本相似，但无附属用房。第一进厅堂空间开阔，以木板壁与二进相隔。二进院落为主要居住用房。整栋建筑主要房间均设夹层，夹层设有入口，通过楼梯可上至内部。

以上这三栋建筑形制规整，彼此之间形成笔直的巷道，均采用“人”字山墙。山墙上段有植物形状的泥雕，施以色彩，非常精美。建筑内部的门窗木构雕花保存较好。上书房为六房支祠，但损毁严重，现已改造成旅馆。

2. “孝义可风”石牌坊

“孝义可风”贞孝石牌坊位于村口，建于清道光十四年至十九年（1834—1839），为嘉奖唐史氏而建。唐史氏的丈夫早逝，她笃守贞节，辛苦抚育养子，长期操劳，以致双目失明。其养子唐景涛自幼孝事寡母，勤奋读书，终于考中进士，官任知县。当地的长老乡绅感其节孝懿事，奏报朝廷。清朝道光皇帝御笔亲批，要求在外地任知县的唐景涛奉旨为养母唐史氏竖牌坊。道光皇帝还亲自为这座石牌坊题了字。

“孝义可风”石牌坊被称为“石雕艺术博物馆”，其为全石结构，四柱夹屏，石榫契合，十分精美。牌坊高10.2米，长13.6米，跨度11.5米，为四柱三间四楼式大理石仿木结构。上为梯形，下为长方形。坊上雕刻全用整块石料镂空或浮雕而成。整座牌坊未用一点黏合剂，全由石榫、卯眼连接，互相支撑倚靠，十分坚固。它现已历经180余年风霜雨雪，经受了多次天灾人祸，仍巍然屹立。石牌坊顶部有四只鳌鱼，两两相对。在鳌鱼中间有座三层八角形的宝塔，小巧玲珑，十分可爱。传说这塔仿照的是王母娘娘的玲珑宝塔，有降妖辟邪的作用。这座八面的玲珑宝塔，每面有一个字，八面有八个字，是“欲目千里，更上一层”。

此牌坊主体的中间两根正方形石柱高达5.4米，柱石基座为石墩，南北两侧均有抱鼓石护柱，使高架凌空的石牌坊显得敦厚凝重。这座牌坊的第一层南（正）面、北（背）面均镂雕一对姿态各异的麒麟，组成“麒麟献瑞”的形象。第二层正面石刻唐史氏节孝懿事，背面石刻唐史氏简历和县署、府署、布政使司关于竖立月岭石牌坊的呈文及道光皇帝的批示。此层横梁镂雕“二龙戏珠”。第三层正面和背面分别镌刻着道光皇帝的手书“孝义可风”“艰贞足式”八个大字。此层横梁镂雕八仙、八宝、莲花宝座等人物、花卉图案。第四层四组斗拱支撑庑殿顶，两边格窗，中间是横匾。匾的上方镂雕五条蛟龙凌空起舞，正中那条张口吐舌，桀骜不驯。在此匾中书写“皇恩旌表”四个大字，意为皇帝恩赐竖立此牌坊。匾的上部为单檐庑殿顶，殿顶为分垄仰合瓦，勾头、滴水如实雕刻。檐板底部雕有重椽，正脊两端各倒立一对鳌鱼，栩栩如生。此石牌坊造型庄重，设计精美，榫卯相接，错落参差，浑然一体，蕴含了无数能工巧匠的智慧和力量，是研究石刻艺术的珍贵实物资料。

白宝塔（已毁）
岩头山
往文市镇
步月亭
文昌阁
牌坊
黑宝塔（催官塔）
风水塘
峒背山
村门
文明堂（五房）
宏远堂(二房)
马山
猫儿山
北
继美堂(三房)
萃德堂
(长房)
组团范围
祠堂位置
主要道路
往湖南道县
多福堂(四房)
锡嘏堂（六房）
对子山
福广山

月岭村总平面分析图

◎ 贞孝石牌坊、步月亭与文昌阁

贞孝石牌坊、步月亭与文昌阁

宏远堂的门楼及照壁

继美堂的门罩

继美堂的天井

鸟瞰覃家大院

覃家大院西侧的溪流

孚嘉吉

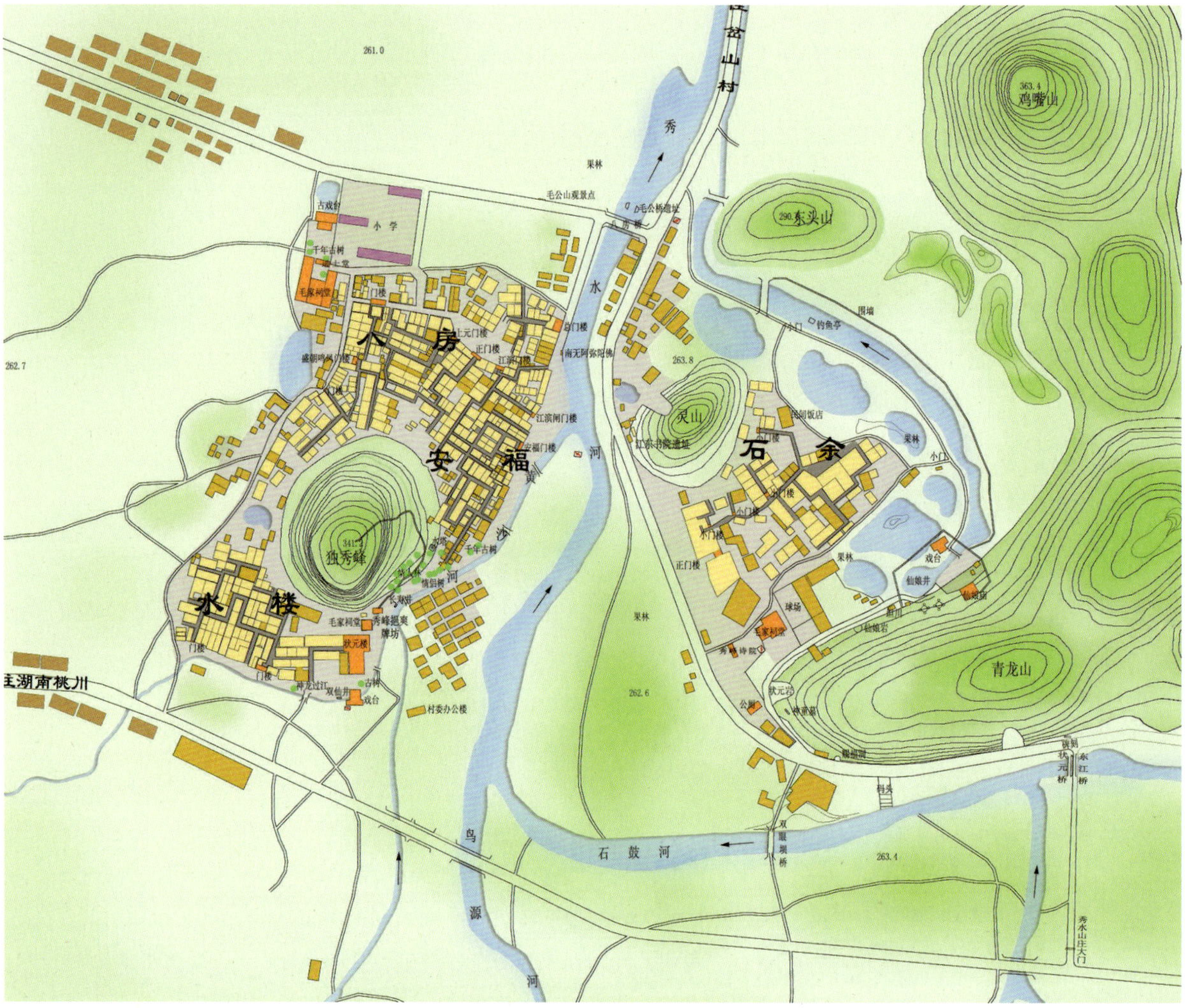

⊙ 秀水村总平面示意图

⊙ 鳞次栉比的“人”字山墙

状元楼

外翰第

⊙ 毛氏宗祠

⊙ “吉嘉孚”门楼

⊙ “里仁为美”门楼

“文魁”门楼

“进士”门楼

民居

民居

民居

民居天井

民居与照壁

“风淳俗美”照壁

牟绍德祠

牟思成祠

陈远杨祠

李拔谋故居

李拔谋故居

三间两廊民居的组团叠落式山墙

民居

博古脊饰

民居

民居

民居

巷道

巷道

天井

钟灵风雨桥门头

钟灵风雨桥

钟灵风雨桥与濂溪祠

濂溪祠

蒋氏宗祠

戏台

灵溪庙

灵溪庙内景

门楼

门楼与“生根石”

三石街

三石街

三石街

民居

民居与小石桥

照壁与亭子

⊙ 巷门

⊙ 巷门

巷道

巷道

大芦村

一、村落概况

大芦村所属的钦州市灵山县在明清时期属广东廉州府管辖，1965年划归广西。灵山县地处丘陵向平原过渡的地带，地形起伏和缓，土壤深厚肥沃。其气候为亚热带季风气候，全年日照充足，雨量充沛，受洪涝、寒潮和台风影响小，农作物一年可三熟，是中国著名的“荔枝之乡”。

大芦村位于灵山县县城东北部8千米处，属于佛子镇，是丘陵地形的村落，海拔80多米。村域面积为4.2平方千米，村庄占地约675亩（约45万平方米）。人口有5300多人，其中劳姓有4300多人。村庄始建于明代晚期，完成于清代及民国，至今基本保持完整。

大芦村的劳氏始祖原籍在山东，南宋时迁至广东南雄。南宋咸淳年间，在广东南海的劳氏后代劳余庆任灵山学博，辗转到灵山县檀圩定居。明嘉靖年间，灵山县儒学廪生劳经卜居大芦，为大芦村劳氏的始祖。他另创基业，择吉地建祭祖堂（镬耳楼的前身）。劳弦（劳经的曾孙）读书成名并官至六品，于明朝末年返乡，对大芦村进行了更高层次的规划和建设。在他的倡导下，村民大力改造大芦村的环境，结合地形开挖了一系列的池塘，植树以加强靠山，重建祖屋并更名为镬耳楼，奠定了大芦村的规划格局。这次的环境建设似乎真的发生了作用，劳氏家族从此甩掉了“人丁不旺”的帽子，家族日盛，人才辈出，至今已繁衍了19代。

如今，大芦村已经由当初的芦荻丛生之地发展成由15个姓氏的居民杂处的大村场，共有古民居镬耳楼、三达堂、双庆堂、东园别墅、杉木园、蟠龙堂、东明堂、陈卓园、富春园和劳克中公祠这10个群落。

二、村落形态

大芦村的选址和格局遵循“山走西北，水走东南”的风水模式。村落位于山脚地势起伏和缓的土丘上，古人在土丘和山岭之间的洼地上开挖了五个大小不一的池塘，汇集东面山岭（海拔280多米）流下的溪水和雨水，以涵养环境、灌溉水田。其中路强塘（入水水塘，位置高）、水井塘、牛角塘、榕树塘（出水水塘）连成一个水系，水塘之间筑起堤岸和闸门。堤岸沟通了池塘两边的交通，而水塘间的水可保持流动。水由路强塘、水井塘、牛角塘流经榕树塘后，从塘的西南注入沟渠，并转向东南的村口（原村口）流出。挖塘的土方除了用于烧制砖瓦、版筑土墙之外，还用于填整房基，使龙（宅基所依托的缓坡）呈龙头抬起之势。

在榕树塘的南面，距镬耳楼200米处有一座相对海拔为10余米的土山，山体饱满，这是镬耳楼的案山（现已铲平，用于建村民委员会办公楼和村民广场）。在案山的东侧，又有一座略高的小土山。两山之间的空间仅容得下道路和水渠，出水口被很好地锁住。大芦村劳氏宅就坐落在这样的山水小盆地中。

祖屋镬耳楼后因地势偏平缓，劳氏特意在其北面种植了六棵高大的桄树（大叶榕）为靠山，以强化“山走西北，水走东南”的模式。桄树谐音“笔”，榕树塘形似装满墨水的大型砚台；榕树塘的东北面种植了两棵高大的樟树；水塘的堤岸上遍植荔枝树，每年夏天，红色的荔枝便挂满枝头。这些风水布局，寓意为大芦村的村民不仅有“笔墨文章”，而且能“红顶当头”。良好的环境鼓励着大芦村的村民通过文章显世，也赋予大芦村富有个性的山水景观。

建筑群围绕水塘布置，镬耳楼、三达堂和双庆堂组团朝向南面偏东，东园别墅则朝向西面偏南，形成了各组团有自己的朝向、不同建筑群朝向不一的效果。这种变化丰富的景观，实乃古人结合地形组织村落的水系、道路和绿化所带来的结果。

建筑群的用地坡度为1%—3%。镬耳楼组团的场地坡度略大，而后建的东园别墅用地较平，日常的行走更加方便。

三、建筑特色

大芦村的建筑都是院落（天井）式的。现存民居中，镬耳楼、三达堂、东园别墅和双庆堂保存较好。其中三达堂、镬耳楼和双庆堂三组院落由西至东一字排开，坐西北朝东南，面向池塘形成一个组团；东园别墅则坐东向西，与这三组院落隔塘相望。劳氏宅的建筑特色，主要体现在以下方面。

1. 平面布局

建筑纵深一般为五进院，四或五座厅堂。每组建筑由前至后，地势由低到高依次安排三开间的门厅、官厅、三座正房、四座正房和祭祖厅；祭祖厅后为厨房和仆人用房。厅堂之间为院落或天井。前厅（门厅）的院落宽敞，且常设倒座房；正房之间的天井则较小，布局对称。由此组成一个五座五院、两侧设深一间的一排横屋为辅助用房的建筑单元。单元平行布置，每组之间以笔直的巷道相连，组成数条主轴线相平行的建筑群。

镬耳楼为祖屋，占地面积约4460平方米，为两路平行布置的五进院落布局，东侧和北侧还围有一圈横屋辅房。该宅大门朝东侧开。劳氏第四代祖劳弦官至六品后，将大门修成象征官帽的镬耳状，该祖屋也因此而得名。门楼两侧为门房；由门楼进入宽阔的前庭院，正对一座戏台；南侧为马厩，向北即进入第一进三开间的建筑——门厅；门厅两侧为朝向天井开门的客房。第二进为宽敞的无分隔的三开间官厅，内设两排各四根柱子，形成两排屋架，与山墙共同撑起勾连搭的屋顶。勾连搭的前部，对应的是轩廊。官厅前面敞开；后部在明间嵌三扇双开隔扇门，宽敞明亮。官厅是家族长老议事和接待贵宾的场所。第三、第四进为长子、嫡孙居住的内宅，其次间为卧室。进入卧室须经过天井侧面的厢房（又被称为耳房），以及厢房后一个极小的天井。因而次间与小天井、厢房形成套间格局，确保了居住的私密性。最后一进即头座，为面对天井敞开的三开间敞口屋。这里居中设置大芦村劳氏始祖劳经的牌位；两侧的祖先牌位依男左女右的规律，按辈分分级安放。所以此处又称头厅或祭祖厅。东侧一路的五进院落，头厅供奉此群落宅基地的土地；五座“倒朝房”作为家塾，以前供奉着孔子牌位。第二、三、四进则是主屋内宅的翻版，次子以下的兄弟按长幼之序居住。两路院落的后横屋与后围墙之间，建设花园式私厅的斗底屋，作为一家之长的日常起居场所。

三达堂位于镬耳楼西侧，基本上就是镬耳楼的镜像翻版。双庆堂分为大庆、二庆两座，大门也是东侧开。

东园别墅被称为“大芦村劳氏家族博物馆”，由大芦村劳氏第八代孙劳自荣三兄弟于清乾隆二十二年（1757）建于榕树塘东侧。围墙内的建筑由老四座、新四座、桂香堂构成，讲究对称。建筑占地面积达7500平方米。为避僭越祖屋镬耳楼之嫌，其外门楼简朴无华，而内部却别有洞天。前门楼两侧围墙翼张，对接东、西外廊屋，与正屋间隔一个可以纵缰驰马的大院。三个主体建筑老四座、新四座、桂香堂同样也是由内廊屋分隔，并列排布。新四座主屋后所建的斗底屋为二层楼房，匾额上书“望远楼”。楼房居高临下，村中景致尽收眼底。东园别墅的三幢正屋与内廊屋间的甬道，一概需要经过各自第一进“倒朝房”的檐廊方可转进，跟各进侧门构成纵横交错的内回环、外封闭的形式。

2. 建筑的材料与装饰

劳氏的传统建筑，以住宅建筑为主，采用砖墙与木构架相结合的硬山式。劳弦返乡后，建起了当时最先进的硬山顶地居式住宅。他根据当地炎热潮湿的气候特点，将建筑建在坡地上，并设置敞厅（官厅）、天井、巷道，使之通风凉爽，形成具有南方特点的汉式建筑。这种建筑的特点是结构稳固，隔热和防火性好，阴凉通风，而且可以就地取材，易于建造，省工省料。镬耳山墙的形式，则可能受广府式建筑的影响。

在劳氏宅，重要建筑的墙体均采用青砖砌筑成清水墙；一般建筑的墙体则用青砖砌至1.5米高后，再用土坯砖砌筑；次要的建筑墙体均采用土坯砖砌筑，并抹上砂浆，以保护土墙。砖墙的顶部常采用叠涩的手法，并饰以泥塑和雕花。相似的形式，不同的空间、材料和处理手法，使整个建筑群和谐统一、形象生动而富于变化，形成了独特的劳氏建筑风格。在主体建筑的檐口、屋脊、柱头、梁架、门窗、柱础等部位，采用雕刻、泥塑、彩画、叠涩等手法进行重点装饰，取得了较好的艺术效果。

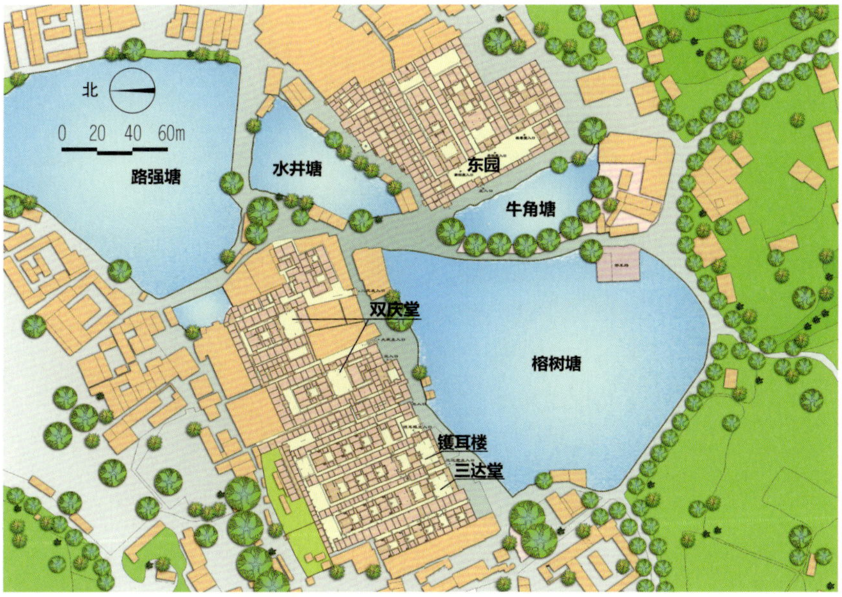

⊙ 大芦村核心区总平面图（来源：韦玉姣根据广西大学 1998 级测绘图改绘）

门厅
天井
厨房
耳房
正房
炮楼
绣楼
现为菜地
东园井
杂务
过道
厢房
书房
望远楼
庭院
后罩房
官厅
客房
桂香堂
新四座入口
老四座入口
桂香堂入口
倒座
(建于民国)过厅
檐廊
主入口
0 1 3 5 10 15 20m

东园别墅平面示意图

东园别墅大门

牛角塘和东园别墅

东园别墅的新四座(左)和老四座(右)

东园别墅老四座的门厅、官厅和庭院北墙

东园别墅老四座的官厅和院墙

镬耳楼主入口外观

镬耳楼主入口

镬耳楼第一座——门厅

镬耳楼官厅

⊙ 镬耳楼第三座——正房

与镬耳楼官厅相连的厢廊

双庆堂的大门、庭院和官厅

大庆堂带有洗浴空间(正房次间前檐下)的正房、天井和厢房

⊙ 桂香堂

⊙ 巷道

⊙ 巷道

梁头的瓶花木刻装饰

室内墙头装饰

木屋架局部

墀头

柱础

苏村

一、村落概况

苏村位于钦州市灵山县石塘镇，距县城30千米，距石塘镇2千米。北魏时期，先有初姓迁此定居，后有苏姓迁入，取名苏驿站，后改为苏村。宋末元初，苏氏创建荔枝园，开基造村。由于地近两广交界，汉瑶杂居，因此前期没有多大发展。明朝万历年间，广东西部的廉州府通往两广总督衙门所在地梧州的官道打通。这块“田开四面波千顷，江合双流水一隈”的蟠龙宝地，经过苏、丁、刘、陈、杨、卢等二十四个家族的经营，在清乾隆以后，成为灵山县第一大村场。

当地民谣有云：“苏村廿四姓，刘屋好声名，莫屋好仁义，周屋好性情，丁屋好功名，陈屋好花厅……”苏村每个家族都个性鲜明，但宗族之间却能和谐相处，这离不开刘家在其中发挥的重要作用。乾隆皇帝在颁发给刘仕俭的诰命中说：“褒奖尔刘仕俭……禔躬淳厚，垂训端严。业可开先，式榖乃宣猷之本；泽堪启后，贻谋裕作牧之方。”大意是“皇帝褒奖你刘仕俭……你具备淳朴忠厚的品德，对后代给予了正确教育与严格要求。你的做法确实可以成为开创一代风气的典范，宣扬你的教育方法能够开启后世的良好风尚；你的义行值得后人借鉴，用作管理地方、教化百姓的方法”。刘家善良大度，以德报怨，爱乡护邻，使得村中民风淳朴、宗族和谐。

苏村刘氏十六世先祖在明崇祯末年由广东肇庆迁至广西灵山，而后十八世祖刘仕俭又于清康熙年间迁至苏村。刘仕俭为邑庠生，诰赠中宪大夫。族谱称其乐于施善，文化素养高，善于治家理财，且重教兴学，深为邑人敬重。他嫡传五子十四孙，其中五子、长孙皆有功名。刘仕俭发家致富后，从广东肇庆和佛山等地聘请工匠，为其后代兴建了如今苏村刘家的大部分建筑。刘仕俭离世后，为缅怀其创业精神和辉煌业绩，他的子孙特建造“中宪大夫鹤亭刘公祠”以纪念先祖的福荫恩泽，并尊称仕俭公为广东肇庆府刘氏分支在广西灵山苏村的始祖。正因为刘氏获得科举功名和从政为官者众，所以有资格建镬耳楼；又因为刘氏家族积极响应官府号召，抓住机遇大力地、大规模地开垦因战乱而荒芜丢弃的田地，从而拥有了大量田地，财力雄厚，所以有能力建造这规模宏大的镬耳楼群。

二、村落形态

苏村古建筑群现存明清建筑32个群落，其中刘氏家族祖宅建筑为古村落的主体部分。刘氏祖宅建筑群坐落于苏村松木岭山脉延伸的最低地带。造村时，前人综合周围的山形地势、水源等自然条件规划部署，截宅前溪涧垒塞为塘，并以塘前大片平整肥沃的良田为宽阔视野，面对一座石灰岩孤峰，以西面70余亩（约4.67万平方米）水塘——化龙塘为依托，形成如今的古建筑群。

刘氏祖宅建筑群共由18个院落组成，占地面积约9200平方米，总面积为13248平方米。核心部分为7组主宅院，都以房屋主人所任官职的品级、职务或是科举功名来命名。它们自北向南分别是苏村刘氏始祖的祠堂“中宪大夫鹤亭刘公祠”、长房（第一个儿子）的司马第、二房的大夫第和鹾尹第、四房的二尹第、五房的贡元第，在长房和二房后面的是三房的司训第。总体布局以大夫第为中心，左边为司马第，右边为鹾尹第，后面为司训第，构成一个倒“品”字形格局。在司马第左边隔一条三房巷建祠堂，在鹾尹第右边隔一条石马巷建二尹第。祠堂至二尹第的大门一律持平，后背则稍有参差，大门前留有深8.3米的地堂。贡元第建在二尹第的右边，相隔一条往陈屋巷的通道。由于场地限制，整个院落建造向前推进了8.3米，其大门与其他院落前的地堂边缘拉平，门前顺地势向前高筑一土台，形成凸起包稍的格局。在二尹第右侧和后面的相邻一带，还分别建有酿酒房、柴草房、协号管事房、七兴书院等附属建筑，另外还建有兴号、信号、大书房、行馆等多套住宅。

三、建筑特色

刘氏的七组大宅，除祠堂外，各大院落的主体建造结构略有不同，司马第、大夫第、鹾尹第和二尹第为四进大屋，司训第和贡元第因地盘局限各为三进。地面由前至后逐进依次递高。主屋每进均为三开间，后进（头厅）为居室，二进（二厅）中间为神厅，三进（三厅）中间为过厅（客厅），四进中间为院落大门。司训第在三进前天井右边另建大门。贡元第三进中间为大门，进与进之间设有天井，天井两边建有对称的厢房，构成“四水归堂”的格局。除大夫第没有廊屋外，其他在主屋左边都建有通道和一排廊屋。鹾尹第和二尹第主屋右边还另建了边房，司训第两边都建有通道和廊屋。每个院落自成一体，它们之间不设门户相通，相互往来只能从各自的大门，或廊屋通道的小门进出。

从风格上看，苏村刘氏宅第的建筑风格为典型的广府式，最为显著的就是每一座房屋山墙上的镬耳。这些建筑的镬耳原来共有19对，后因“大炼钢铁”时修建高炉，以及雷击或自然垮塌等因素，毁去数对，但余下的镬耳墙仍使得整个建筑群独具气势。数量如此之多的镬耳墙建筑群，在广西的广府式建筑中极为少见，足见苏村刘氏的富足。饰以镬耳的宅邸，一般只有获得举人以上功名，或者取得一定官品爵位的人家才有资格修建，这是房屋主人身份、地位的象征。

刘氏祖宅大量使用青石和青砖作为建造材料，这也是广西的其他古建筑群所难以比拟的。各院落的大门及各厅正门皆用青石块砌成，高度有3.4米左右；各进两侧外墙基部及各厅前墙基部也是砌青石块。石块为长方形，长度多为1米，每块都重100千克以上，石面均打磨得平整光滑。过厅的檐柱、内柱也是用青石打制而成，所有台阶和大部分天井均用青石铺设。各院落的主体建筑全部用青砖砌墙，质地致密，轮廓整齐，颜色一致。

除此之外，刘氏宅第的装饰也十分华美，石雕、砖雕、木雕，以及檐下彩绘、屋脊灰塑等，无不工艺精湛，并且多用大理石作为建筑材料和石雕材料。门窗、门墩、台阶采用平面倒棱起凸，或者平面起半圆内衬线，简洁流畅。村中有二百多件石雕、砖雕工艺装饰品，造像构图分别运用了平面阴线雕、圆雕、高浮雕、浅浮雕、通雕、镂雕等多种技法，其中的龙形构图占有很大比重。刘氏祖宅群中的龙形饰件也无处不在。这些石雕、砖雕饰件，多用于门楼、门罩、轩廊、厅堂、照壁、柱础等的石作、砖作部分；梁枋、斗拱、隔扇、雀替、窗棂、藻井等木作构件，则就材造形雕饰。拄地擎梁的木柱、石柱，相应下承的柱础在不同的场所有不同的样式，主要包括覆盆式、鼓形式、鼓镜式、盆唇覆盆式、合莲卷草重层式，等等。

苏村刘氏祖屋建筑群规划严正，装饰精美，实属广西广府式古建筑的精品。

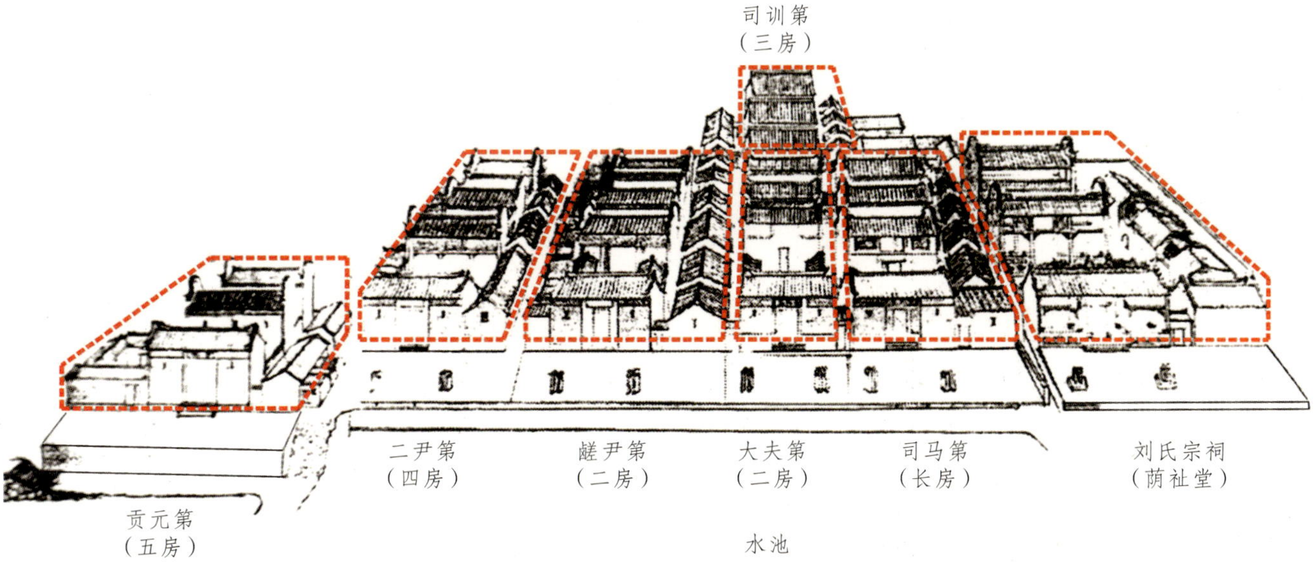

刘氏建筑群分布示意图（来源：《灵山苏村刘氏族谱》）

从东南侧看刘氏祖宅建筑群

民居檐口灰塑

民居檐口及山墙

民居檐下灰塑

⊙ 民居的砖雕花窗

⊙ 民居的木雕花窗

龙腾屯

一、村落概况

龙腾屯位于来宾市金秀瑶族自治县西北部的桐木镇，是那安村下辖的一个自然村。明末清初，广东南雄珠玑巷的梁氏家族为了躲避战乱，来到金秀桐木。龙腾屯先祖梁圣响与其弟亦迁至距现今的龙腾屯不远的那傍村。他们牧牛放鸭于犀牛塘，看到此地树林茂密，池鱼腾跃，流水潺湲，鸟鸣啁啾，是个非常好的避世所在，遂从那傍村迁至犀牛塘北边定居。尔后，梁圣响又发现在他房子的后山长满一片片像鳞一样的石块，登山远眺，看那绵延的山体就像一条腾飞的巨龙，而他们定居的地方刚好位于龙头，于是“龙腾屯”的美名由此而来。

经过近400年的发展，梁氏在此繁衍了17代，龙腾屯也成为共有158户的大村，现存清代民居49座。

二、村落形态

龙腾屯的布局依照了古人的传统风水观念。从风水的角度来说，理想的村落应该是依山、环水、面屏。蜿蜒起伏的山脉可称为“龙脉”，山脉遇溪流、平坝而止之处可称为“龙头”。“龙头”面朝环绕的溪流和开阔的平坝，背靠起伏跌宕、气势磅礴的“龙脉”。村落建在这样的“龙头”处，被称为“坐龙嘴”。龙腾屯正是这样依山傍水，被溪流环抱。曲折连绵的山脉为龙身，而流水则是龙的血脉。总体上，龙腾屯呈集中式布局。村中建筑均坐西北，朝东南。整个村落背倚靠山，面朝田垌，像一条伸头到村前的池塘喝水的龙。村前左右各有一座矮丘，取“左青龙，右白虎”的风水意蕴。左侧矮丘上建有文昌庙，右侧矮丘上原有五谷庙，布局为“左祖而右社”。村后龙山上原有一座炮楼，是村中的制高点，现已损毁。梁氏祠堂位于村落正中靠前的位置，前有宽25米、深50余米的广场兼晒坪，是村民的主要活动场所。

龙腾屯的布局以祠堂为中心，呈对称状，带有明显的广府梳式布局痕迹。多条平行布局的主巷与村落朝向一致，从祠堂一侧向西北面的靠山逐级抬高、延伸。支巷与主巷垂直，支巷之间并不完全拉通。整个村落的巷道系统蜿蜒曲折，符合山地村落的地形特点。整个村落被纵横交错的巷道系统划分为数十个建筑组团，每一组团的建筑或一进，或二至三进，规模大小不一。

三、建筑特色

1. 祠堂

梁氏祠堂建于1792年，1804年落成，建造历时13年。梁氏先祖梁圣响的儿子梁再吉，字推思，号春台。他继承父业后持家更加有方，使得家业迅速发展壮大，至第七代已十分兴旺。据梁氏族谱记载，在49个“显”字辈族人中，就有48个考取功名。为光宗耀祖，报答父老乡亲，获取功名的贤孙们遂把“犀牛塘”填平，按官祠的格局修建了这座建筑面积1000平方米的梁氏祠堂。

祠堂为三进三开间布局。正门门廊采用广府式样，有廊柱一对，为八边形石制。正门上挂“春台梁公祠”牌匾，廊上设卷棚，用雕刻精美的驼墩和斗拱承托。正厅为三间三架，名为“三多堂”，前排一对檐柱亦为石制八边形。檐廊为卷棚式，上悬挂“武魁”“兄弟明经”“成均进士”等牌匾，代表着梁氏祖辈的荣耀。正厅梁架为广府插梁式。头进为梁氏祖厅，供奉先祖灵位，梁架亦为典型的广府硬山搁檩插梁式结构。梁氏祖厅在重修时饰以朱红大漆，正脊下书“同治三年（1864）仲冬月重修，公元二〇〇五乙酉年孟秋月十六日丑时再次重修”的字样。两侧廊屋均为卷棚式屋顶，檐柱为正四边形抹灰砖柱。屋基均用长条形大青石砌成，屋基以上均为青砖墙，青瓦盖顶。屋檐及房瓴有翘角飞檐装饰，屋脊两侧为官帽形状的高墙，屋椽、房梁均有雕刻精美的花纹图案。祠堂左侧设横屋，为辅助用房。祠堂为明清广府风格，典雅华贵。

2. 民居

（1）40号宅

村中民居大多为广府式的三间两廊式。40号宅为村中较为典型的单进民居，四合天井式布局；大门开向正中，形成3米宽、0.7米深的凹门廊，门廊上覆“人”字屋顶；两侧有墀头，饰以卷草纹形的灰塑，十分精美。大门门框及两侧墙均为花岗岩，门槛前立一对高约50厘米的门枕石。为了保证墙体的结构强度，门廊两侧的外墙阳角底部各有一个高约1米、宽约40厘米的石柱。门廊深约2米，青石铺地。门廊后即为天井，约3米 × 6米。两侧为厢房，3米 × 3米左右。厢房开设拱形门洞，直接开向中部天井。门廊两侧的房间与厢房连接，厢房用于存放农具、粮食及作为厨房等辅助房间使用。

正房三间，为适应地形，比中部天井高80厘米左右，通过五级台阶与天井相连；正方形基座亦由花岗岩条石砌筑，十分稳固。正房正中亦设有凹门廊，深2米，上设卷棚顶。门廊后为六扇雕花木门，通向正厅；木门上亦为雕花木格亮子，直达吊顶下缘。天气炎热时，可将门廊的大门全部打开，使大厅和天井形成通透的空间。制造良好的通风环境，是适应炎热地区的设计策略。厅正中的墙上设有神龛，是典型的汉式居家布置格局。厅后为楼梯间，设有较陡的木制楼梯，通向二楼的储物隔层。正房两侧为卧室，每侧各有南北两间，共四间。南向的两间朝向厅堂开门，在门廊处设置高、宽均为90厘米的直棱窗采光；北向的两间则面向楼梯间开门，并朝北侧外墙开窗采光。

（2）梁书科宅

梁书科宅是龙腾屯规模较大的民居，三进，附有横屋。三进院落分属兄弟三人。与通常院落式民居不同的是，此三进院落并不共用墙体，而是通过每两进之间的巷道相连。这使得每进宅第都拥有前后大门和门廊等建筑空间。这一特点，显示出封建社会后期大家族趋向解体，而更加重视单个家庭的完整性。主屋和横屋之间设有2米宽的巷道，横屋为家族所共有。

梁氏祠堂外景

梁氏祠堂正门(上悬牌匾“春台梁公祠”)

梁氏祠堂的正厅“三多堂”

龙腾屯 40 号宅(从大门看向内院)

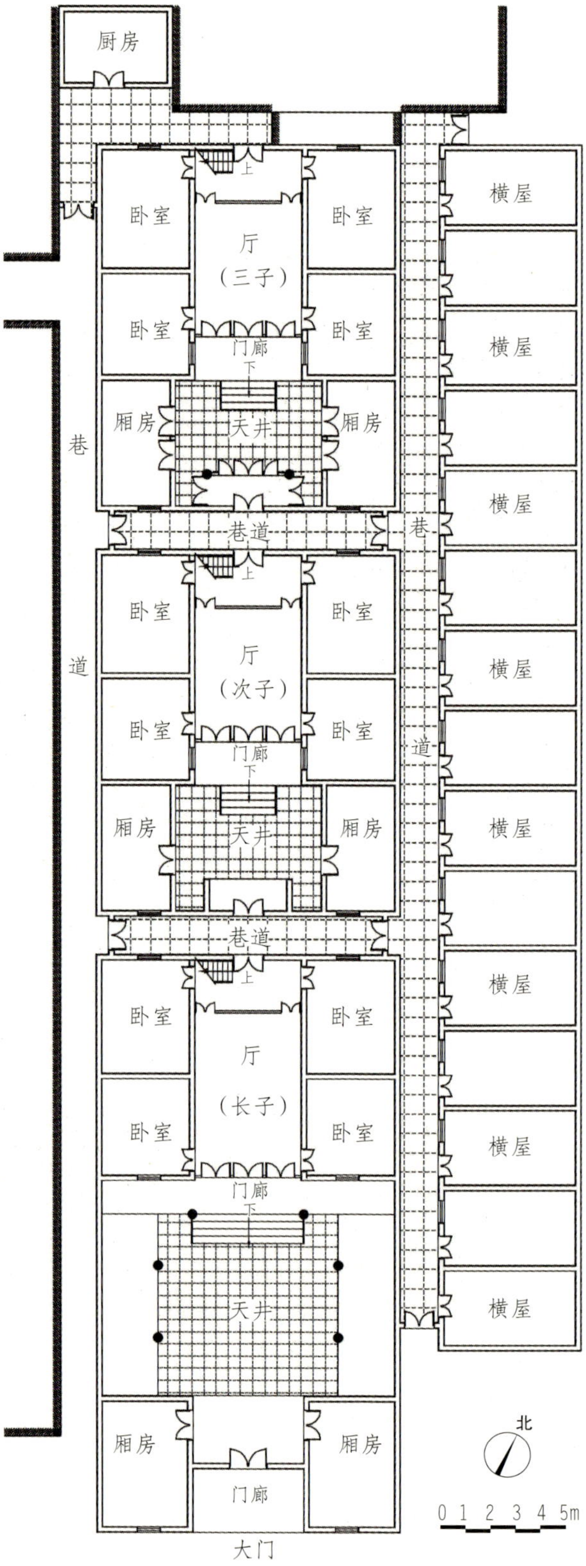

梁书科宅平面图

梁书科宅剖面示意图

梁书科宅外观

梁书科宅内院

⊙ 巷道

⊙ 巷道

⊙ 巷道

君子垌客家围屋群

一、村落概况

君子垌客家围屋群位于距贵港市城区东南48千米的港南区木格镇云垌村。

君子垌原是地僻人稀、匪贼出没的地方，人们称之为荒凉古垌。清乾隆、嘉庆年间，陈、何、叶、钟、邓、黄、殷、黎、曾、魏、祝、许、杜、邱、范、陆、邹、李、刘、林这二十个姓氏的客家先民，先后从广东兴宁、梅州、龙川、恩平、四会、鹤山、南雄，以及广西陆川、北流等地，千里迢迢，举家迁到广西贵县（今贵港）怀北二里的上垌、大垌和云龙村，散居于木格、木梓、桥圩、湛江、东津、大圩等地。

迁居于此的客家先民，开荒垦地，兴修水利。他们陆续修建了石门大陂、石龙陂、石神陂、长江陂等一批小型水利设施，把南面和西面山中的水流储积起来，灌溉全村田地，有力地推动了农业生产的发展，使君子垌成为贵县的粮油生产基地。

在君子垌的客家宗族中，邓、黎、叶三姓的宗族发展最快，人口、经济、文化都占据了优势地位，他们纷纷在君子垌地区兴建围屋。据民国二十年（1931）的《贵县志》记载，君子垌的围屋建筑始于咸丰年间，最早是里人黎诗文等修建的“云龙围”，以及里人邓逢元修建的“段心围”；之后黎氏、邓氏、叶氏等客家人的十几座围屋又相继在君子垌建成。这其中，黎氏围屋主要有黎诗文故居云龙围、黎杰材故居同记城、黎太康故居畅记城（也叫桅杆城），还有双城、显记城等；邓氏围屋主要有邓启端故居隆记城、邓建勋故居新城、邓逢元故居段心围，还有昌城、紫金城、茂隆城、老屋城等；叶氏围屋主要有谷坡城等。到民国年间，围屋的数量已达21座之多，其中邓氏建有13座，黎氏建有6座，叶氏建有2座。现保存较完好的有11座。

君子垌文风昌盛，清朝末年被赐以“文化乡”的称号。民国二十三年（1934）的《贵县志》记载，当年君子垌考取大专及留学者有25人，占全县236位大专、留学生的10%以上。君子垌先后出了多位客家杰出人才，如留学美国、最终获得硕士学位回国并颇有建树的黎杰材，在湖南大学任教授的黎颂初，早年赴日留学、企望知识救国的黎太康，以及黎赓扬等7位县长；还有20世纪60年代进京受到国家领导人刘少奇接见的全国优秀教师黎佩英，中国科学院院士邓启金，以及居港商人邓建勋等。

二、村落形态

在清代区划中，“怀北里”包括今天的木

格镇与瓦塘镇大部分区域。其中怀北一里、怀北二里位于今天的木格镇北部；与桥圩镇、瓦塘镇（怀北三里）交界处的君子岭，俗称君子垌。“垌”在客家方言中意为田地。君子垌所在地三面环山，属于郁江一级支流黎村江流域。这里的土地平坦肥沃，易于耕作。在漫长的岁月里，落籍君子垌的客家族群，形成了大聚居、小散居的格局。

在兵荒马乱的清朝末年、民国时期，诸姓客家人持续建造了集“家宅、祖祠、城堡”于一身的客家围屋共21座。其中大部分围屋基本保留完整，单座面积在2500—4950平方米之间，建筑规模宏大，分布范围广。君子垌的整个围屋群面积约6平方千米，是广西境内规模最大的一处客家围屋群。

三、建筑特色

围屋，即围起来的房屋，严格来说分两种。一种是外墙就是承重墙的；另一种是外城墙统一包围，内有窄长的通道将外城墙与屋墙隔离的。有学者认为称后者为“城座”或“城池”更为贴切。君子垌的客家围屋群，每座围屋都像一座城，因此都是以“围”或“城”来称的。

君子垌的各个围屋在选址上整体背山向阳，每座城前设有“明月池”。围屋群集“家、祠、堡”于一体，以居中布局的祖堂院落为中心；其他民宅则以巷道相连，散布于围内。祖堂院落一般分左、中、右三路。中路沿中轴线排列，依次为明堂、门厅、天井、中堂、天井、后堂（祖堂）；左右二路分别为耳房、厢房等。屋与屋之间、屋与围墙之间均有甬道连贯，围屋四角设炮楼，整体外观形如碉堡。下面着重介绍段心围和桅杆城两座围屋。

1. 段心围

段心围坐落在君子垌平坦的田野的中间，把广阔的田垌分为两段，故称“段心围”。段心围为清朝附贡生邓逢元于咸丰四年（1854）建造，是君子垌客家围屋中建造得最早的围屋之一。

整座围屋坐南向北，建筑面积有3000多平方米，二进五开间结构。正屋前面30米外是半月形的池塘，有围墙隔开；后面是一幢二层楼的客厅，东西两侧各有两列横屋，与四角方楼组成方城。围屋四面是用灰砂夯实的80厘米厚的厚重围墙。围屋前面东西两侧各开一个大门。东门较窄，平时不开，外有壕沟护城；西门较宽，平时供家人出入。门设三层，外层是坚硬的横式圆形条木大掩门，客家人称其为“掩弄”，装有隐闭的暗锁；中层为厚实的木板门扇；里层是竖式原木“弄子”。关上东西两个大门，围屋俨然就是一座城堡。围屋前面池塘边的围墙有四个直径约30厘米的炮眼一字排开，后面与东西两侧的楼上则遍布枪眼。旧时如发生匪贼扰乱，只要关上两个大门，架上土炮，备好枪械，匪徒就不敢靠近了。况且围屋内生活设施齐全，有磨房可随时加工大米，有水井可保证生活用水，还有一次能蒸30斤（15千克）米饭的大饭甑。这样一来，即使围屋关闭半个月，甚至一个月，里面的居民也能饮食无忧。

2. 桅杆城

桅杆城又名畅记城。民间之所以称其为“桅杆城”，是因为清宣统年间客家人黎赓扬才学超人，入选“拔贡”；地方官府为了褒奖客家人的杰出表现，特拨出专款，在拔贡者所在城座的明月池前筑建了两条别的城所没有的桅杆。杆高四丈，古代官员过此，文官须下轿，武官须下马，以示敬意。桅杆城属于粤桂常见的四方城围城结构，具有四方城外部及内部结构变化多端的特点，分新城和老城。围屋以宗祠为中轴，不断向两边扩展出横屋。该城是君子垌保留得比较完整的围屋之一。整座围屋用青砖青瓦砌成，方形四角四楼，门前为半月形水塘。围城分三道门来防御。外城墙的门是入城的第一道门。第二道门是围屋的屋门，门框是用坚固的青石条雕刻而成的。第二道门又分为三层：第一层是有几条粗大的圆柱从上方石孔直插到门框下方的石窝，形成栏栅；第二层是由粗圆木制成的拖弄从一边向另一边横向拖拉开关；第三层是从内侧完成操作的对开的加厚板门。祠堂大门是围城的第三道门，打开它，出了厅堂，就是客家人的正房或厢房了。桅杆城中间的祠堂和两侧的厢房都保留得很好。主体结构为砖木抬梁结构。屋檐精雕细刻，飞檐翘角；板墙外壁、厅堂内壁沿墙均绘有长幅壁画，内容为麒麟送子、飞禽奔马、竹木花草等精美图案。

桅杆城内有宗祠两座。城座背靠龙肩山，而祠堂选址正好为龙头所在之处。新城内的祠堂是“两进四合式”，入口为下厅，后面为上厅，中间有方形天井将两个厅分隔。上厅两边为上正房，天井两边为厢房，下厅两边为下正房。老城内的祠堂采用的是“三进式”，中轴线上有上、中、下三个厅，以及上、下两个天井。在三个厅的两边，分别有左右正房、左右中房、左右下房；在两个天井的两边，分别有左右下厢房、左右上厢房。再向外伸展出去就是左右横房、左右外横房了。中厅有木屏风，三门四柱；中间大折门对开，两边小门单开。中间两条立柱上刻有金漆对联：“光前须种书中粟，裕后还耕心上田。”各间厅屋之间均有廊道连接。

同记城

同记城

桅杆城

⊙ 紫金城

⊙ 紫金城

黎氏祠堂入口

宗祠内上灯

段心围

围屋民居

围屋民居

围屋民居

民居入口

民居大门

围屋角楼

民居天井

围内巷道

围屋门扇

石柱础

主要参考文献

1. 况雪源，苏志，涂方旭. 广西气候区划[J]. 广西科学，2007，14（3）：278.
2. 徐杰舜. 从骆到壮：壮族起源和形成试探[J]. 学术论坛，1990（5）：72.
3. 陈国强，蒋炳钊，吴绵吉，等. 百越民族史[M]. 北京：中国社会科学出版社，1988：242.
4. 黄海云. 清代广西汉文化传播研究（至1840年）[D]. 北京：中央民族大学，2006：7.
5. 钟文典. 广西近代圩镇研究[M]. 桂林：广西师范大学出版社，1998：371.
6. 吴正光，陈颖，赵逵，等. 西南民居[M]. 北京：清华大学出版社，2010：226.
7. 莫志东. 广西桂林长岗岭古村落保护与利用研究[D]. 桂林：广西师范大学，2018：10.
8. 灵川县地方志编纂委员会. 灵川县志[M]. 南宁：广西人民出版社，1997：856.

附录

广西壮族自治区的传统村落、历史文化名村（镇）名单

序号	名称	地点	文保级别
1	安德镇	百色市靖西市	🟡
2	平流屯	百色市隆林各族自治县金钟山乡平流村	🔴
3	达腊屯	百色市那坡县城厢镇达腊村	🔴
4	那岩屯	百色市西林县马蚌镇浪吉村	🔴
5	岑氏家族建筑群	百色市西林县那劳镇	🟡🟢
6	盛塘村	北海市海城区涠洲镇	🔴🟡
7	老屋村	北海市合浦县曲樟乡璋嘉村	🔴
8	南康镇	北海市铁山港区	🟡
9	白龙村	北海市铁山港区营盘镇白龙社区	🔴
10	花梨屯	崇左市江州区驮卢镇连塘村	🔴
11	中山村	崇左市龙州县上金乡	🔴
12	白雪屯	崇左市龙州县上金乡卷逢村	🔴
13	那良镇	防城港市防城区	🟤🟡
14	那厚村	防城港市防城区大菉镇	🔴
15	云垌村	贵港市港南区木格镇	🔴
16	石门屯	贵港市平南县大鹏镇大鹏社区	🔴
17	上宋屯	贵港市平南县思旺镇双上村	🔴
18	中团屯	贵港市平南县镇隆镇富藏村	🔴
19	恭城镇	桂林市恭城瑶族自治县	🟤🟡
20	乐湾屯	桂林市恭城瑶族自治县恭城镇乐湾村	🔴🟢
21	水滨村	桂林市恭城瑶族自治县观音乡	🔴
22	焦山屯	桂林市恭城瑶族自治县观音乡狮塘村	🔴
23	太平屯	桂林市恭城瑶族自治县嘉会镇太平村	🔴
24	常家屯	桂林市恭城瑶族自治县栗木镇常家村	🔴
25	大合屯	桂林市恭城瑶族自治县栗木镇大合村	🔴
26	石头屯	桂林市恭城瑶族自治县栗木镇石头村	🔴
27	凤岩屯	桂林市恭城瑶族自治县莲花镇凤岩村	🔴
28	朗山屯	桂林市恭城瑶族自治县莲花镇朗山村	🔴
29	矮寨屯	桂林市恭城瑶族自治县莲花镇门等村	🔴
30	东寨屯	桂林市恭城瑶族自治县莲花镇门等村	🔴
31	高桂屯	桂林市恭城瑶族自治县莲花镇门等村	🔴
32	红岩老村屯	桂林市恭城瑶族自治县莲花镇竹山村	🔴

序号	名称	地点	文保级别
33	实乐屯	桂林市恭城瑶族自治县龙虎乡龙岭村	●
34	巨塘屯	桂林市恭城瑶族自治县平安镇巨塘村	●
35	费村屯	桂林市恭城瑶族自治县西岭镇费村	●
36	西岭屯	桂林市恭城瑶族自治县西岭镇西岭村	●
37	杨溪屯	桂林市恭城瑶族自治县西岭镇杨溪村	●
38	洞井村	桂林市灌阳县洞井瑶族乡	●
39	桂平岩村	桂林市灌阳县洞井瑶族乡	●
40	田心屯	桂林市灌阳县洞井瑶族乡太和村	●
41	大井塘村	桂林市灌阳县观音阁乡	●
42	孔家村	桂林市灌阳县灌阳镇	●
43	徐源村	桂林市灌阳县灌阳镇	●
44	唐家屯	桂林市灌阳县灌阳镇仁义村	●
45	桐子山屯	桂林市灌阳县黄关镇兴秀村	●
46	德里村	桂林市灌阳县水车镇	●
47	官庄村	桂林市灌阳县水车镇	●
48	伍家湾村	桂林市灌阳县水车镇	●
49	夏云村	桂林市灌阳县水车镇	●
50	达溪村	桂林市灌阳县文市镇	●
51	会湘村	桂林市灌阳县文市镇	●
52	勒塘村	桂林市灌阳县文市镇	●
53	王道村	桂林市灌阳县文市镇	●
54	岩口村	桂林市灌阳县文市镇	●
55	月岭村	桂林市灌阳县文市镇	●●●
56	白竹坪屯	桂林市灌阳县文市镇桂岩村	●
57	江口村	桂林市灌阳县新街镇	●
58	青箱村	桂林市灌阳县新街镇	●
59	杉木屯	桂林市灌阳县新街镇飞熊村	●
60	大路坡屯	桂林市灌阳县新街镇葛洞村	●
61	猛山屯	桂林市灌阳县新街镇龙云村	●
62	富水坪屯	桂林市灌阳县新街镇龙中村	●
63	杨家湾屯	桂林市灌阳县新街镇石丰村	●
64	小青山屯	桂林市荔浦市马岭镇永明村	●
65	富合村	桂林市临桂区茶洞镇	●
66	垠头屯	桂林市临桂区茶洞镇茶洞村	●
67	褚村	桂林市临桂区茶洞镇花岭村	●
68	旧村	桂林市临桂区会仙镇	●
69	楷头村	桂林市临桂区两江镇信果村	●
70	横山村	桂林市临桂区四塘镇	●
71	东宅江村	桂林市临桂区宛田瑶族乡宛田村	●
72	大圩镇	桂林市灵川县	●●
73	太平村	桂林市灵川县潮田乡	●
74	上桥村	桂林市灵川县大圩镇	●
75	熊村	桂林市灵川县大圩镇	●●
76	毛村	桂林市灵川县大圩镇廖家村	●
77	大埠村	桂林市灵川县大圩镇秦岸村	●
78	路西村	桂林市灵川县定江镇	●
79	大塘边村	桂林市灵川县海洋乡	●
80	黄土塘村	桂林市灵川县海洋乡	●
81	大桐木湾村	桂林市灵川县海洋乡大庙塘村	●
82	画眉弄村	桂林市灵川县海洋乡小平乐村	●
83	西洲壮寨村	桂林市灵川县兰田瑶族乡兰田村	●
84	长岗岭村	桂林市灵川县灵田镇	●●●
85	迪塘村	桂林市灵川县灵田镇	●
86	金盆村	桂林市灵川县灵田镇正义村	●
87	宅庆村	桂林市灵川县灵田镇正义村	●
88	江头村	桂林市灵川县九屋镇	●●●●
89	老寨村	桂林市灵川县九屋镇	●
90	新寨村	桂林市灵川县九屋镇东源村	●

序号	名称	地点	文保级别
91	溶流上村	桂林市灵川县三街镇	🔴
92	龙脊村	桂林市龙胜各族自治县龙脊镇	🔴
93	江口屯	桂林市龙胜各族自治县江底乡城岭村	🔴
94	矮岭红瑶组	桂林市龙胜各族自治县江底乡建新村	🔴
95	江门口屯	桂林市龙胜各族自治县江底乡建新村	🔴
96	金竹组	桂林市龙胜各族自治县江底乡李江村	🔴
97	半界组	桂林市龙胜各族自治县江底乡泥塘村	🔴
98	宝赠村	桂林市龙胜各族自治县乐江镇	🔴
99	地灵村	桂林市龙胜各族自治县乐江镇	🔴
100	泥寨组、岩寨组	桂林市龙胜各族自治县乐江镇石甲村	🔴
101	西腰大屯	桂林市龙胜各族自治县乐江镇西腰村	🔴
102	旧屋屯	桂林市龙胜各族自治县龙脊镇江柳村	🔴
103	金竹壮寨	桂林市龙胜各族自治县龙脊镇金江村	🔴
104	田寨组	桂林市龙胜各族自治县龙脊镇马海村	🔴
105	小寨屯	桂林市龙胜各族自治县龙脊镇小寨村	🔴
106	中六屯	桂林市龙胜各族自治县龙脊镇中六村	🔴
107	芙蓉村	桂林市龙胜各族自治县马堤乡	🔴
108	龙家村	桂林市龙胜各族自治县马堤乡	🔴
109	民合屯	桂林市龙胜各族自治县马堤乡民合村	🔴
110	上下甘塘屯	桂林市龙胜各族自治县瓢里镇平岭村	🔴
111	广南村	桂林市龙胜各族自治县平等镇	🔴
112	龙坪村	桂林市龙胜各族自治县平等镇	🔴
113	平等村	桂林市龙胜各族自治县平等镇	🔴
114	甲业屯	桂林市龙胜各族自治县平等镇庖田村	🔴
115	田段组	桂林市龙胜各族自治县平等镇小江村	🔴
116	同列村	桂林市龙胜各族自治县三门镇	🔴
117	滩底屯	桂林市龙胜各族自治县三门镇大罗村	🔴
118	杨梅屯、浪头屯	桂林市龙胜各族自治县泗水乡潘内村	🔴
119	白面组	桂林市龙胜各族自治县泗水乡周家村	🔴
120	洋湾村	桂林市龙胜各族自治县伟江乡	🔴
121	老寨屯	桂林市龙胜各族自治县伟江乡新寨村	🔴
122	八仙村	桂林市平乐县二塘镇大水村	🔴
123	沙子村	桂林市平乐县沙子镇	🔴
124	屯塘村	桂林市平乐县同安镇	🔴
125	榕津村	桂林市平乐县张家镇	🔴🟡
126	和村	桂林市平乐县张家镇钓鱼村	🔴
127	鹿鸣村	桂林市全州县大西江镇满稼村	🔴
128	清水村	桂林市全州县东山瑶族乡	🔴
129	上塘村	桂林市全州县东山瑶族乡	🔴
130	大田村	桂林市全州县两河镇	🔴
131	鲁水村	桂林市全州县两河镇	🔴
132	石脚村	桂林市全州县龙水镇桥渡村	🔴
133	大庾岭村	桂林市全州县全州镇邓家埠村	🔴
134	张家村	桂林市全州县绍水镇洛口村	🔴
135	梅塘村	桂林市全州县绍水镇三友村	🔴
136	沛田村	桂林市全州县石塘镇	🔴
137	慕道村	桂林市全州县永岁镇幕霞村	🔴
138	井头村	桂林市全州县永岁镇湘山村	🔴
139	界首镇	桂林市兴安县	🟤🟡
140	兴安镇	桂林市兴安县	🟡
141	严关镇	桂林市兴安县	🟡
142	水源头村	桂林市兴安县白石乡	🔴🟡
143	莱子岩村	桂林市兴安县高尚镇东河村	🔴
144	山湾村	桂林市兴安县高尚镇东河村	🔴
145	待漏村	桂林市兴安县高尚镇金山村	🔴
146	榜上村	桂林市兴安县漠川乡	🔴🟤🟡
147	钟山坪村	桂林市兴安县漠川乡	🔴
148	青山湾村	桂林市兴安县溶江镇佑安村	🔴

序号	名称	地点	文保级别
149	东村	桂林市兴安县兴安镇三桂村	🔴
150	大岗埠村	桂林市雁山区大埠乡大埠村	🔴
151	禄坊村	桂林市雁山区柘木镇	🔴
152	福利镇	桂林市阳朔县	🟤🟡
153	兴坪镇	桂林市阳朔县	🟤🟡
154	旧县村	桂林市阳朔县白沙镇	🔴🟤🟡
155	遇龙堡村	桂林市阳朔县白沙镇遇龙村	🔴
156	朗梓村	桂林市阳朔县高田镇	🔴🟤🟡
157	龙潭村	桂林市阳朔县高田镇	🔴
158	留公村	桂林市阳朔县普益乡	🔴
159	渔村	桂林市阳朔县兴坪镇	🔴🟡
160	百寿镇	桂林市永福县	🟡
161	崇山村	桂林市永福县罗锦镇	🔴🟡
162	尚水老村	桂林市永福县罗锦镇尚水村	🔴
163	樟树头村	桂林市永福县罗锦镇下村	🔴
164	坪水村	桂林市资源县河口瑶族乡葱坪村	🔴
165	社水村	桂林市资源县两水苗族乡	🔴
166	弄立村二队	河池市大化瑶族自治县板升乡	🔴
167	南昌屯	河池市环江毛南族自治县下南乡中南村	🔴
168	石围屯	河池市罗城仫佬族自治县东门镇中石村	🔴
169	巴哈屯	河池市南丹县里湖瑶族乡八雅村	🔴
170	蛮降屯	河池市南丹县里湖瑶族乡怀里村	🔴
171	堡上屯	河池市天峨县三堡乡三堡村	🔴🟡
172	拉汪屯	河池市天峨县三堡乡三堡村	🟤
173	贺街镇	贺州市八步区	🟤🟡
174	田尾寨	贺州市八步区桂岭镇善华村	🔴
175	河西村	贺州市八步区贺街镇	🔴🟤⚪
176	上莫寨村	贺州市八步区开山镇开山村	🔴
177	仁冲村	贺州市八步区莲塘镇	🔴🟡
178	祉洞村	贺州市八步区信都镇	🔴
179	岔山村	贺州市富川瑶族自治县朝东镇	🔴
180	东水村	贺州市富川瑶族自治县朝东镇	🔴
181	福溪村	贺州市富川瑶族自治县朝东镇	🔴🟡
182	沐大村	贺州市富川瑶族自治县朝东镇	🔴
183	秀水村	贺州市富川瑶族自治县朝东镇	🔴🟤🟡
184	凤溪村	贺州市富川瑶族自治县城北镇	🔴
185	红岩村	贺州市富川瑶族自治县福利镇	🔴
186	留家湾村	贺州市富川瑶族自治县福利镇	🔴
187	毛家村	贺州市富川瑶族自治县福利镇	🔴
188	茶家村	贺州市富川瑶族自治县富阳镇	🔴
189	谷母井村	贺州市富川瑶族自治县葛坡镇	🔴
190	深坡村	贺州市富川瑶族自治县葛坡镇	🔴🟡
191	义竹村	贺州市富川瑶族自治县葛坡镇	🔴
192	丁山村	贺州市富川瑶族自治县古城镇	🔴
193	秀山村	贺州市富川瑶族自治县古城镇	🔴🟤🟡
194	大莲塘村	贺州市富川瑶族自治县莲山镇	🔴
195	茅樟村	贺州市富川瑶族自治县柳家乡下湾村	🔴
196	村头岗村	贺州市富川瑶族自治县麦岭镇	🔴
197	城上村	贺州市富川瑶族自治县石家乡	🔴
198	龙湾村	贺州市富川瑶族自治县石家乡	🔴
199	石枧村	贺州市富川瑶族自治县石家乡	🔴
200	虎马岭村	贺州市富川瑶族自治县新华乡	🔴
201	芦岗村	贺州市平桂区鹅塘镇	🔴
202	龙井村	贺州市平桂区沙田镇	🔴🟤🟡
203	柿木园村	贺州市平桂区羊头镇	🔴
204	大岩寨	贺州市平桂区羊头镇大井村	🔴
205	黄姚镇	贺州市昭平县	🟤🟡
206	新华村	贺州市昭平县樟木林镇	🔴🟡

序号	名称	地点	文保级别
207	罗旭屯	贺州市昭平县走马镇黄胆村	●
208	大田村	贺州市钟山县公安镇	●●●
209	荷塘村	贺州市钟山县公安镇	●●●
210	里太村	贺州市钟山县公安镇	●
211	龙道村	贺州市钟山县回龙镇	●●●
212	星寨村	贺州市钟山县两安瑶族乡	●
213	白竹新寨	贺州市钟山县清塘镇	●
214	英家街	贺州市钟山县清塘镇英家村	●●●
215	同乐村	贺州市钟山县珊瑚镇	●
216	松桂村	贺州市钟山县石龙镇	●
217	源头村	贺州市钟山县石龙镇	●
218	玉坡村	贺州市钟山县燕塘镇	●●●
219	古卜屯	来宾市金秀瑶族自治县金秀镇共和村	●
220	上古陈村	来宾市金秀瑶族自治县六巷乡	●
221	下古陈村	来宾市金秀瑶族自治县六巷乡	●
222	朗冲屯	来宾市金秀瑶族自治县六巷乡六巷村	●
223	六巷屯	来宾市金秀瑶族自治县六巷乡六巷村	●
224	平林屯	来宾市金秀瑶族自治县罗香乡平竹村	●
225	龙腾屯	来宾市金秀瑶族自治县桐木镇那安村	●
226	岭祖屯	来宾市金秀瑶族自治县忠良乡三合村	●
227	下莲塘村	来宾市武宣县东乡镇河马村	●
228	永安村	来宾市武宣县东乡镇金岗村	●
229	军田村	来宾市象州县罗秀镇	●
230	纳禄村	来宾市象州县罗秀镇	●
231	新运街	来宾市象州县运江镇新运村	●
232	运江古镇	来宾市象州县运江镇运江社区	●
233	中渡镇	柳州市鹿寨县	●●
234	龙妙屯	柳州市融安县大将镇龙妙村	●
235	新寨屯	柳州市融水苗族自治县安太乡寨怀村	●
236	乌英屯	柳州市融水苗族自治县杆洞乡党鸠村	●
237	松美屯	柳州市融水苗族自治县杆洞乡杆洞村	●
238	大寨屯	柳州市融水苗族自治县杆洞乡高培村	●
239	平卯村	柳州市融水苗族自治县拱洞乡	●
240	良双村	柳州市融水苗族自治县红水乡	●
241	国里屯	柳州市融水苗族自治县良寨乡大里村	●
242	东田村	柳州市融水苗族自治县四荣乡	●
243	荣地村	柳州市融水苗族自治县四荣乡	●
244	荣塘村	柳州市融水苗族自治县四荣乡	●
245	八斗村	柳州市三江侗族自治县八江镇	●
246	中朝屯	柳州市三江侗族自治县八江镇八斗村	●
247	磨寨屯	柳州市三江侗族自治县八江镇马胖村	●
248	归大屯	柳州市三江侗族自治县八江镇塘水村	●
249	丹洲村	柳州市三江侗族自治县丹洲镇	●●
250	岜团村	柳州市三江侗族自治县独峒镇	●
251	高定村	柳州市三江侗族自治县独峒镇	●
252	林略村	柳州市三江侗族自治县独峒镇	●
253	唐朝村	柳州市三江侗族自治县独峒镇	●
254	玉马村	柳州市三江侗族自治县独峒镇	●
255	座龙村	柳州市三江侗族自治县独峒镇	●
256	和平村	柳州市三江侗族自治县和平乡	●
257	老巴村	柳州市三江侗族自治县老堡乡	●
258	高秀村	柳州市三江侗族自治县林溪镇	●
259	高友村	柳州市三江侗族自治县林溪镇	●
260	冠洞村	柳州市三江侗族自治县林溪镇	●
261	平岩村	柳州市三江侗族自治县林溪镇	●
262	车寨村	柳州市三江侗族自治县梅林乡	●
263	高露村	柳州市三江侗族自治县洋溪乡	●
264	蔡村	南宁市宾阳县古辣镇古辣社区	●●●

序号	名称	地点	文保级别
265	下施村	南宁市宾阳县中华镇上施村	🔴
266	笔山村	南宁市横州市平朗镇	🔴
267	扬美村	南宁市江南区江西镇	🔴🟤🟡
268	麻子畲坡	南宁市江南区江西镇锦江村	🟡
269	三江坡	南宁市江南区江西镇同江村	🔴🟤🟡
270	木村坡	南宁市江南区江西镇同新村	🔴
271	古民庄	南宁市上林县巷贤镇长联村	🔴
272	府城镇	南宁市武鸣区	🟡
273	罗波镇	南宁市武鸣区	🟡
274	那告坡	南宁市西乡塘区石埠街道老口村	🟡
275	那蒙坡	南宁市邕宁区那楼镇那良村	🔴
276	大芦村	钦州市灵山县佛子镇	🔴🟤🟡⚪
277	马肚塘村	钦州市灵山县佛子镇佛子村	🔴
278	苏村	钦州市灵山县石塘镇	🔴
279	华屏岭村	钦州市灵山县太平镇那马村	🔴
280	漂塘村	钦州市灵山县新圩镇	🔴
281	萍塘村	钦州市灵山县新圩镇	🔴🟤🟡
282	平马村	钦州市浦北县小江镇	🔴
283	筋竹镇	梧州市岑溪市	🟡
284	云龙村	梧州市岑溪市筋竹镇	🔴🟤🟡
285	料神村	梧州市龙圩区大坡镇	🟡
286	六坪村	梧州市蒙山县长坪瑶族乡	🔴
287	萝村	玉林市北流市民乐镇	🔴🟡
288	塘肚村十一组	玉林市北流市塘岸镇	🔴
289	新圩村第五组	玉林市北流市新圩镇	🔴
290	河城组	玉林市北流市新圩镇白鸠江村	🔴
291	松茂村	玉林市博白县松旺镇	🔴🟡
292	老屋屯	玉林市博白县新田镇亭子村	🔴
293	福西村	玉林市福绵区福绵镇	🔴
294	大楼村	玉林市福绵区新桥镇	🔴🟤🟡
295	长旺村	玉林市陆川县平乐镇	🔴🟤🟡
296	顶良村	玉林市容县罗江镇	🔴
297	东华村	玉林市容县杨村镇	🔴
298	大西村	玉林市兴业县城隍镇	🔴🟡
299	榜山村	玉林市兴业县葵阳镇葵联村	🔴🟤🟡
300	龙安村	玉林市兴业县龙安镇	🔴🟤🟡
301	石山坡	玉林市兴业县蒲塘镇石山村	🔴
302	东山村	玉林市兴业县石南镇	🔴🟡
303	庞村	玉林市兴业县石南镇	🔴🟤🟡
304	谭良村	玉林市兴业县石南镇	🔴🟤🟡
305	高山村	玉林市玉州区城北街道	🔴🟤🟡
306	硃砂垌村	玉林市玉州区南江街道岭塘村	🔴🟤🟡
307	鹏垌村	玉林市玉州区仁东镇	🔴
308	茂岑村	玉林市玉州区仁厚镇	🔴

注：

🔴 中国传统村落

🟤 中国历史文化名村（镇）

🟡 广西壮族自治区历史文化名村（镇）

⚪ 全国重点文物保护单位

图书在版编目（CIP）数据

中华古村落·广西卷／赵冶著.—南京：江苏凤凰教育出版社，2023.10
ISBN 978-7-5743-0191-7
Ⅰ.①中…　Ⅱ.①赵…　Ⅲ.①村落—介绍—广西　Ⅳ.①K928.5

中国版本图书馆CIP数据核字（2022）第226349号

教育部人文社科基金资助（项目批准号：22XJAZH001）
广西自然科学基金资助（项目批准号：2021GXNSFAA220120）

书　　名　中华古村落·广西卷
作　　者　赵　冶
责任编辑　樊曼莉
装帧设计　周　晨　孙宁宁
特邀审读　刘仁军
出版发行　江苏凤凰教育出版社（南京市湖南路1号A楼　邮编210009）
苏教网址　http://www.1088.com.cn
照　　排　南京新华丰制版有限公司
印　　刷　上海雅昌艺术印刷有限公司
厂　　址　上海市嘉定区嘉罗公路1022号
开　　本　889mm×1194mm　1/16
印　　张　20
版　　次　2023年10月第1版
印　　次　2023年10月第1次印刷
书　　号　ISBN 978-7-5743-0191-7
定　　价　460.00元
网店地址　http://jsfhjycbs.tmall.com
公 众 号　江苏凤凰教育出版社（微信号：jsfhjyfw）
邮购电话　025-85406265，025-85400774，短信02585420909
盗版举报　025-83658579